Le border collie

François Kiesgen de Richter

Remerciements

Je remercie l'Association Française du Border Collie, je la recommande à tous mes lecteurs qui possèdent ou envisagent l'achat d'un berger border collie.

Photographies : Licences fotolia

Partenaire éditorial exclusif : Amazon LTD

Auto Édition : François Kiesgen de Richter

Contact : romancier45@gmail.com

ISBN-13 : 978-1975666088

ISBN-10 : 1975666089

Le border collie

François Kiesgen de Richter

Édition 2017

Sommaire

Présentation du border collie

Souvent considéré comme un chien très intelligent le Border Collie est un des chiens les plus actifs. Adorable chien de compagnie il ne pourra s'épanouir et être heureux que s'il peut avoir une activité physique importante. Le Border Collie, débordant d'énergie, ne peut être confié à des personnes âgées, ni même à des enfants trop agités. Il doit absolument recevoir une éducation, qui sera positive, c'est-à-dire sans cri ni brusqueries !

C'est un chien intelligent, indépendant, réceptif et rapide, sa souplesse de caractère est certainement sa qualité première. Il apprend vite, écoute parfaitement, et à une parfaite capacité d'adaptation.

Il est actuellement le gardien de troupeaux le plus utilisé au monde, car il aime faire plaisir à son maître en se mettant à son service dans le travail au troupeau.

C'est le chien idéal pour un maître averti, mais pour un acquéreur mal informé, il pourra être une source de soucis. Le Border Collie est hyperactif, et il faut le gérer avec finesse et intelligence.

L'instinct de berger se déclare généralement entre 3 et 12 mois. A ce moment-là, il exprimera un intérêt particulier pour le mouvement et adoptera une attitude de prédation. Il pourra passer ses heures entières au grillage du jardin, à la barrière du balcon, ou il fixera le mouvement des piétons ou des véhicules !

Il sera alors grand temps de canaliser son instinct avec de l' activité canine. Bien entendu le travail au troupeau est idéal, mais nous verrons que d'autres activités s'y substituent parfaitement.

Son instinct de berger peut occasionner de gros problèmes de comportement s'il n'est pas géré correctement, car l'obsession naturelle du Border Collie est de contrôler le mouvement : n'oubliez jamais que tout ce qui bouge le passionne, et que tout ce qui est dispersé le dérange.

Il ne faudra pas que ballons, chats, vélos, poussettes, tondeuses à gazon, deviennent pour lui des substituts au travail sur ovins.

Pour cela son éducation doit commencer tôt, et doit être très pointue. Il s'éduque aisément, ce qui en fait un champion absolu des compétitions d'Obéissance et surtout d'Agility où il est pratiquement sans rival.

S'il vit dans une maison ou un appartement, il doit sortir plusieurs fois par jour et courir jusqu'à perdre haleine, s'il ne se dépense pas assez, il deviendra une gêne.

Le Border Collie ne convient pas à des personnes

âgées ou sédentaires. Il est en revanche parfaitement adapté aux enfants en âge de comprendre qu'ils doivent laisser son espace vital au chien. Il faudra interdire à vos enfants de courir après lui, ou de grimper sur son dos.

Le Border Collie est un chien sensible et instinctif, l'éducation lui apprendra à maîtriser sa fougue et lui permettra de faire des activités canines : <u>c'est pour lui indispensable</u>.

Les origines du border collie

Connaître l'étiologie avant d'éduquer est une démarche indispensable qui vous évitera bien des déboires.

Le chien est avant tout un animal avec des comportements issus de son parcours génétique, il a des besoins spécifiques, et en tenir compte vous permettra de mieux appréhender son éducation.

La domestication du chien est intervenue longtemps avant celle de toutes les autres espèces domestiques actuelles. Elle précède de plusieurs dizaines de milliers d'années la sédentarisation et l'apparition des premières fermes agricoles.

Les chiens sont issus du Loup gris (Canis lupus) domestiqué à plusieurs endroits du monde.

L'identité exacte de l'ancêtre du chien a longtemps été un mystère. Des scientifiques subodoraient que les chiens provenaient d'un croisement entre des loups et des chacals.

Les progrès récents ont finalement permis d'établir que le chien est plus proche génétiquement des sous-espèces actuelles de Canis lupus (Loup gris) avec lequel il partage 99,9 % de son ADN.

En 1997, une comparaison de génome sur 300 échantillons appartenant à la lignée des chiens domestiques actuels et à la lignée des Loups gris a montré, que ces lignées s'étaient séparées il y a 35 000 ans.

La découverte d'une lignée de loup aujourd'hui éteinte : le loup Taïmyra est à l'origine de la divergence entre le loup et le chien. Il y a 27 000 ans la séparation devint totale.

La relation entre humains et canidés sauvages est très ancienne. Des restes de loups ont été retrouvés en association avec ceux d'hommes il y a 400 000 ans.

Les chasseurs-cueilleurs et les loups avaient plusieurs points communs : ils appartenaient à des espèces sociables, ils partageaient le même habitat et ils se nourrissaient des mêmes proies.

Des études ont montré que les louveteaux capturés tout jeunes et élevés par des hommes s'apprivoisaient et se socialisaient facilement, d'autant plus qu'ils dépendaient de leurs maîtres pour leur alimentation.

Cela n'explique toutefois pas leur domestication, puisque ces louveteaux demeuraient des loups. Pour cela l'homme fit s'accoupler des loups domestiqués et commença à en faire l'élevage.

Ainsi naquit le Canis Lupus Familiaris, autrement dit le nom scientifique de votre chien. Et ce quelle que soit sa race.

En sélectionnant les chiens et en les croisant en fonction de leurs aptitudes et de leurs physiques : le plus petit avec le plus petit, celui court sur pattes avec son semblable, le museau le plus plat avec un autre museau plus plat, le plus rapide avec le plus rapide, le plus agile avec le plus agile, les poils longs avec les poils longs...

Il est extrêmement important de savoir que tous les ascendants de nos amis chiens ont commencé leur existence par une évolution commune même si ce fut en combinant des caractéristiques précises.

Par ailleurs, des groupes de chiens errants ont constitué des populations canines plus ou moins indépendantes de l'homme et distinctes des chiens domestiques. Ils sont toujours restés semi-sauvages. Attention par exemple en Inde ou ils pullulent. Ils ne peuvent pas retourner à la vie sauvage et ils ont donc une vie à part et représentent un danger.

Pourquoi est-ce important de comprendre le parcours génétique du chien ? Le Canis Lupus (le loup) est le Canis Lupus familiaris (le chien) ont des comportements de base identiques.

Les aspects instinctifs de nos chiens sont identiques à ceux du loup. En connaissant l'étiologie vous pourrez affiner votre méthode d'éducation canine.

Le Border Collie a été sélectionné à des fins pastorales depuis plus de deux siècles. La race est un croisement de Pointer anglais et de Setter Gordon, qui avaient eux-mêmes des souches de Bobtail et de Bearded.

La race a été fixée en 1 893 par l'étalon Hemp qui est considéré comme le premier ancêtre. Le mot « Collie » évoque le chien de berger écossais.

Le Border Collie tire son nom de la région dite « des Borders », qui est la frontière qui sépare l'Écosse de l'Angleterre. Ce nom a été adopté dès 1915. Les premiers Borders collie sont arrivés en France au début des années 1970.

La race est très ancienne, des citations du XVIIe siècle évoquent déjà ce chien sous son appellation actuelle, à une époque où les « races », n'existaient pas. Au début du siècle, avec les épreuves de travail pour chiens de troupeaux, les bergers se sont aperçus qu'ils avaient tous des chiens presque identiques, qui répondaient à ce que l'on appelle un « type » en cynophilie ou « un standard ». La race n'a été reconnue officiellement qu'en 1982, mais le Border Collie est très ancien.

Le nom de Border Collie a été retenu en 1915 pour qualifier ces fameux « sheepdogs » en reconnaissance du travail de sélection effectué par les berges des régions frontalières qui sépare l'Écosse de l'Angleterre.

L'ISDS (International Sheep Dog Society), association privée fondée en 1906 en Grande Bretagne, gère le Border Collie de travail (sheepdog) selon son propre livre des origines et organise ses propres concours de travail. Active sur les 5 continents, l'ISDS est aujourd'hui une véritable puissance et la seule référence mondiale en matière de chien de troupeau. L'ISDS refuse depuis toujours et catégoriquement, l'idée même d'un standard de beauté pour le Border. Sa devise se résume en 3 mots : « Brain before Beauty » soit le cerveau avant la beauté. Et je les comprends.

La FCI (Fédération Cynologique Internationale), dépositaire des standards (de beauté) de toutes les races, refuse donc de reconnaître l'ISDS. En conséquence, c'est le Kennel Club britannique qui déposera le standard du Border Collie à la FCI en 1976. Ce dernier gère donc les Borders « dits de beauté » inscrits à son livre des origines alors que le Border de travail reste toujours géré par l'ISDS.

En France, la SCC (Société Centrale Canine) s'est vue confiée par le Ministère de l'Agriculture la gestion du LOF (livre des origines français) des Borders Collies. La SCC, en tant que membre de la FCI, reconnaît les chiens inscrits au Kennel Club mais ignore ceux inscrits au livre de l'ISDS.

La maîtrise du rappel en toutes circonstances sera indispensable pour un border collie.

LE STANDARD DE LA RACE

Les chiens de race ont des caractéristiques mentales et de caractères, des spécificités physiques typiques et des aptitudes particulières, qui sont décrites avec précision dans un document officiel : le Standard de Race.

Le standard donné dans ce guide est repris de la FCI, sans retouche ni amendements.

ORIGINE : Grande Bretagne.

DATE DE PUBLICATION DU STANDARD OFFICIEL EN VIGUEUR : 24.06.1 987.

UTILISATION : Chien de berger.

CLASSIFICATION F.C.I. : Groupe 1 Chiens de berger et de Bouvier (sauf chiens de bouvier suisse). Section I Chiens de berger. Avec épreuve de travail.

ASPECT GÉNÉRAL : Chien bien proportionné ; la silhouette harmonieuse, démontrant de la qualité, l'élégance et l'équilibre parfait se combinent avec une substance suffisante pour donner une impression d'endurance. Tout manque d'harmonie comme tout manque de substance est à éviter.

PROPORTIONS IMPORTANTES : Le crâne et le museau sont approximativement de la même longueur.

COMPORTEMENT/CARACTÈRE : Tenace, travailleur et très docile. Ardent, vigilant, réceptif et intelligent. Ni craintif ni agressif.

TÊTE RÉGION CRÂNIENNE : Crâne : Relativement large. L'occiput n'est pas prononcé. Stop : Bien marqué.

RÉGION FACIALE : Truffe (nez) : Noire sauf chez les sujets à robe marron ou chocolat où elle peut être brune. Chez les borders collies à la robe bleue, la truffe doit être de couleur ardoise. Les narines sont bien développées. Museau : S'amenuisant vers la truffe ; le museau est modérément court et fort. Mâchoires/dents : Les dents et les mâchoires sont fortes et présentent un articulé en ciseaux parfait, régulier et complet, c'est-à-dire que les incisives supérieures recouvrent les inférieurs dans un contact étroit et sont implantées bien d'équerre par rapport aux mâchoires. Joues : Ni pleines ni bombées. Yeux : Bien écartés, de forme ovale, de taille modérée, de couleur brune sauf chez les sujets merle où un ou les deux yeux peuvent être bleus, en partie ou en totalité. L'expression est douce, vive, éveillée et intelligente. Oreilles : De taille et de texture moyennes et bien écartées. Elles sont portées droites ou semi-dressées. Oreilles attentives.

COU : De bonne longueur, fort et musclé, légèrement arqué et s'élargisse vers les épaules.

CORPS : D'apparence athlétique. La longueur du corps est légèrement supérieure à la hauteur au garrot. Rein : Bien descendu et musclé. L'abdomen n'est pas remonté au niveau du flanc. Poitrine : Bien descendue et assez large. Les côtes sont bien cintrées.

QUEUE : Modérément longue, la dernière vertèbre atteignant au moins le jarret ; attachée basse, bien garnie de poils, elle se termine par une courbe vers le haut, parachevant la grâce de la silhouette et l'harmonie du chien. La queue peut se relever quand le chien est en action mais n'est jamais portée sur le dos.

MEMBRES ANTÉRIEURS : Vue d'ensemble : Vus de face, les membres antérieurs sont parallèles. L'ossature est forte mais sans lourdeur. Épaule : Bien inclinée. Coude : Contre le corps. Métacarpe (jarret) : Vu de profil, légèrement incliné. Pieds antérieurs : De forme ovale, les coussinets sont épais et sains ; les doigts sont cambrés et serrés. Les ongles sont courts et forts.

MEMBRES POSTÉRIEURS : Vue d'ensemble : Larges et musclés ; le profil descend gracieusement vers l'attache de la queue. Cuisse : Longue, large et musclée. Grasset (genou) : Bien angulé. Jarret : Fort et bien descendu. Pieds postérieurs : De forme ovale, les coussinets sont épais et sains ; les doigts sont cambrés et serrés. Les ongles sont courts et forts. ALLURES : Dégagées, régulières et faciles, les pieds se levant au minimum donnant l'impression que le chien est capable de se déplacer à pas furtifs et très rapidement.

ROBE Qualité du poil : Deux variétés : modérément long ou court. Dans les deux variétés, le poil de couverture est dense, de texture moyenne et le sous-poil est doux et serré, formant une protection contre les intempéries. Dans la variété à poil modérément long, les poils abondants forment une crinière, des culottes et une brosse. Le poil est court et lisse sur la face, aux oreilles, sur les membres antérieurs (excepté pour les franges), sur les membres postérieurs, des jarrets aux pieds. Couleur du poil : Toutes les couleurs sont admises. Le blanc ne doit jamais dominer.

TAILLE ET POIDS : Taille idéale : Mâles : 53 cm. Femelles : Un peu moins.

DÉFAUTS : Tout écart par rapport à ce qui précède doit être considéré comme un défaut qui sera pénalisé en fonction de sa gravité et de ses conséquences sur la santé, le bien-être du chien et sa capacité à accomplir son travail traditionnel.

DÉFAUTS entraînant L'EXCLUSION : • Chien agressif ou peureux. • Tout chien présentant de façon évidente des anomalies d'ordre physique ou comportemental sera disqualifié. N.B. : • Les mâles doivent avoir deux testicules d'aspect normal complètement descendus dans le scrotum. • Seuls les chiens sains et capables d'accomplir les fonctions pour lesquelles ils ont été sélectionnés, et dont la morphologie est typique de la race, peuvent être utilisés pour la reproduction.

PEDIGREE, PUCE, CONFIRMATION

Le Pedigree appelé LOF en France (Livre des Origines Française) peut être considéré comme le passeport de votre Border Collie. On peut remonter jusqu'à quatre générations grâce à ce document. En France, c'est la Société Centrale Canine qui gère et délivre le Pedigree.

Le LOF vous garantit un chien conforme au standard de sa race, que nous venons d'évoquer au chapitre précédent.

Vous obtiendriez d'abord un Pré-Lof qui est l'équivalent du certificat de naissance, le LOF définitif s'obtient après avoir présenté le chien à l'examen de confirmation : entre 12 à 15 mois : pour un Border Collie je conseille 15 mois.

Les séances de confirmation sont organisées par les Sociétés Canines Régionales ou les clubs de race, lors des expositions canines. Je vous conseille de consulter le site de la société CEDIA sur internet, qui vous permettra de vous inscrire.

Lors de cet examen, un juge examine la conformité de votre chien au standard de sa race et vous délivre un certificat d'aptitude. Parfois l'organisation varie, il y a un passage devant un juge puis devant un vétérinaire à qui vous présentez le bon d'aptitude, le vétérinaire examinera votre Border Collie et contre signera le bon d'aptitude.

À noter que les confirmations ouvrent un droit d'inscription que vous devrez acquitté à l'inscription.

Vous devrez envoyer à la SCC (Société Centrale

Canine) à Aubervilliers, le bon d'aptitude accompagné du Pré-Lof. Parfois l'attente de retours du LOF est longue.

Vous aurez ensuite la possibilité de participer à des concours. Vous devrez en fonction de l'âge de votre Boder Collie, choisir une classe : puppy, jeune, intermédiaire, ouverte, et vétéran ; puis en fonction des résultats obtenus (Excellent, puis CACIB et CACS), vous pourrez concourir en classe champion. Il existe aussi une classe travail, et une classe meutes. Il existe la possibilité de faire participer des chiens qui ne concourent pas. La seule obligation en concours est que votre chien soit LOF.

Le meilleur chien pourra prétendre au CACIB (Certificat d'Aptitude au Championnat International de Beauté) de la FCI, ou/et au CACS (Certificat d'Aptitude de Conformité au Standard). Le chien qui a remporté plusieurs CACS et/ou CACIB peut être homologué Champion National de Conformité au Standard ou Champion International de Beauté.

Le Livre des Origines Français regroupe environ 400 races de chiens homologuées par la Fédération Cynologique Internationale.

Pour un Border Collie, le LOF vous donne la certude des qualités et des attributs de sa race. C'est très important pour un chien de troupeau aussi dynamique, car ses caractéristiques et ses comportements seront prévisibles.

L'attestation de vente est obligatoire pour un chien LOF. Ce contrat, signé par le vendeur et l'acheteur, doit mentionner : la date de vente, l'identité du chien, son prix, l'adresse des vétérinaires choisis par les parties en cas de litige. Elle précise l'inscription provisoire du chien au L. O. F. ce que nous nommons le Pré-Lof.

Votre vendeur ayant inscrit provisoirement votre chiot au L. O. F. il recevra le Certificat de Naissance qu'il devra vous transmettre, s'il ne le possède pas au moment de la vente compte tenu des délais de réponse de la SCC.

L'immatriculation des carnivores domestiques est exigée en France dans un certain nombre de situations : avant la cession (même gratuitement, et même entre particuliers), pour les chiens de plus de 4 mois et au-delà, pour certifier les passages transfrontaliers.

La Puce électronique est également précieuse pour retrouver son compagnon en cas de fugue et pour établir qui est le propriétaire de l'animal.

Pour les maîtres se déplaçant à l'étranger, la puce inclut l'information nécessaire pour identifier le pays d'origine.

De la taille d'un grain de riz, le "transpondeur" ou "puce électronique" est un composant enrobé de verre biocompatible, qui est glissé sous la peau par le vétérinaire, à l'aide d'une forte aiguille. Cet acte médical se réalise, selon le cas, avec ou sans anesthésie.

La lecture s'effectue à l'aide d'un appareil spécifique, promené sur le chien. Le numéro s'inscrit sur un écran à cristaux liquides. Cette vérification sera faite plusieurs fois durant la séance de confirmation, et à chaque fois que vous présenterez le chien chez un nouveau vétérinaire, et en concours de beauté ou de sport canin.

La durabilité de l'implant est supérieure à la durée de vie de l'animal. L'information qu'il contient est infalsifiable. Le numéro attribué est unique et correspond à un seul animal, sans confusion possible. Les coordonnées du détenteur sont centralisées dans le pays d'implantation, auprès d'un organisme agréé par les autorités locales.

Lorsque le chien est déplacé de manière définitive dans un autre pays, son enregistrement doit se faire à nouveau dans le pays d'accueil.

En France, cet enregistrement s'effectue auprès d'un vétérinaire. Les déplacements courts (vacances) ne nécessitent pas de démarche spécifique.

À l'inverse, les travailleurs transfrontaliers et les voyageurs partageant leur temps entre deux pays gagnent à faire enregistrer leur animal à titre complémentaire dans le second pays fréquenté.

L'accès aux renseignements du fichier est autorisé aux vétérinaires, aux membres des forces de l'ordre, aux municipalités et gestionnaires de fourrières.

Le risque existe que le découvreur d'un animal errant n'ait pas l'idée de la présence d'un transpondeur électronique. Cet inconvénient peut aboutir à une adoption spontanée par un particulier (appropriation) ou au placement illégal auprès d'un foyer d'accueil. De tels placements illégaux, peuvent aboutir à un retrait du chien.

Certains vétérinaires ne font pas systématiquement la lecture de la puce à chaque première présentation d'un animal dans leurs cabinets. Dans ce cas, il faut éviter ces professionnels, car ils ne font pas bien leur métier.

Lorsque la puce est identifiée fausse ou absente au détour d'une consultation, le vétérinaire doit en informer le détenteur qui a présenté l'animal à sa consultation. Il peut l'aider à retrouver le propriétaire légitime mais sans pouvoir le rechercher lui-même de sa propre initiative.

Les fichiers des différents pays ne sont pas interconnectés. Aussi, les voyageurs se rendant régulièrement dans un même pays étranger ont-ils intérêt à enregistrer à titre complémentaire leur animal dans le fichier de ce pays.

Nous avons la chance en France, que n'ont pas d'autres pays européens, de pouvoir utiliser simultanément deux systèmes d'enregistrement : le tatouage et la pose d'une puce électronique. C'est sans aucun doute le meilleur moyen de pouvoir retrouver son animal de manière rapide.

S'il faut choisir, le transpondeur est très largement préférable au tatouage.

Si vous choisissez aussi le tatouage, il faut le faire dès le deuxième mois, à l'occasion du premier vaccin. Le tatouage est pratiqué par un vétérinaire ou par un tatoueur agréé par le Ministère de l'Agriculture. Ce praticien est responsable de la transmission de l'information au Fichier National Canin.

La carte d'identification du chien vous est obligatoirement remise.

Par la suite, en cas de changement adresse, de don, de vente, vous transmettez les modifications à la S.C.C. grâce à la partie détachable de la carte d'identification du chien. Celle-ci vous retournera gratuitement une nouvelle carte. C'est juste un peu long.

Si vous avez acheté un " Chien sans papier ", sans doute par manque d'informations, il faut le castrer pour un mâle et la stériliser pour une femelle.

Vous pouvez essayer de vous lancer dans une tentative pour prouver sa race, mais les exigences pour obtenir la confirmation sont très complexes.

Il est important que votre Border Collie soit LOF et administrativement en règle, bien entendu nous aborderons les obligations en termes de vaccination au chapitre santé.

Pour vous aider il existe l'ASSOCIATION FRANÇAISE DU BORDER COLLIE qui s'est donnée comme but d'aider à l'amélioration, à la promotion et à l'utilisation, en France, du chien de la race BORDER COLLIE, comme chien de berger et d'en encourager l'élevage, le dressage au troupeau et sa bonne utilisation. Je me permets de fortement vous conseiller d'adhérer à cette association qui est très dynamique.

LE BORDER COLLIE AU QUOTIDIEN

Le Border Collie est un chien qui bouge, qui aime jouer, donc c'est très important, que son maître veille à ce que le chien ait la place qu'il doit avoir dans la famille. Pour le Border Collie comme pour tous les chiens, la famille devient la représentation de la meute. Le rôle du chien dans le clan est important. C'est au maître de fixer la hiérarchie.

Sachez qu'entre douze et quatorze mois un Border Collie fera certainement une crise d'adolescence et voudra se mesurer à son maître.

Si vous avez opté pour une chienne, en période de menstruation (deux fois par an : consulter le chapitre sexualité) elle modifiera son comportement. Il n'est pas rare qu'une Border Collie recherche les mâles, c'est une des caractéristiques de la race, les femelles sont très réceptives envers les mâles de la même race, et évidemment parfois chez des mâles inconnus.

Les moments des chaleurs demanderont de l'attention pour les mâles comme pour les femelles. Je vous invite à lire le chapitre sur les moyens de contraception définitifs ou réversibles. Le Border Collie est un chien dynamique qui ne demande qu'à courir, et qui a une sexualité exacerbée.

La majorité des problèmes de comportements canins viennent d'une éducation soit trop ferme, soit trop molle. Le Border Collie est très intelligent, il est moins que d'autres races sensibles à des automatismes, à des mimétismes, et ne recherche pas la tranquillité d'un emploi du temps répétitif.

Cette caractéristique imposera une éducation avec des expositions variées à un maximum de situations différentes. Ce point est essentiel, un Border Collie qui n'a pas été socialisé et éduqué jeune sera fugueur, et il sera malheureux car vous ne pourriez pas le lâcher en campagne.

Avec le Border Collie une éducation à la « dure » en fera un chien craintif, car c'est un chien qui doit avoir une confiance absolue dans son maître (vous êtes son idole, son guide). Si vous brisez la confiance, la relation sera irrémédiablement détruite.

Avec le Border Collie une éducation à la « cool » en fera un chien « fou fou » qui coursera partout le moindre animal, et passera à son temps à courir.

Le chapitre éducation est donc un indispensable pour bien vivre avec un Border Collie. Aujourd'hui le Border Collie est la seule race que les professionnels ont conservée pour les ovins. Il est intelligent et rapide comme l'éclair.

Le maître, doit apprendre à interpréter intelligemment les codes de communication du chien qui de son côté cherchera à interpréter les codes du maître, voir à les anticiper.

Si vous avez des enfants, il est indispensable qu'ils connaissent les positions d'apaisement du chien. Aussi il faudra leur expliquer les limites de l'interaction avec le chien. Un Border Collie s'emballera très vite dans les jeux avec les enfants, avec son dynamisme et sa vivacité le chien peut faire tomber un jeune enfant. Vous avez tout intérêt à avoir donné une éducation pointue au chien, et avoir donné des consignes aux enfants. Il y a une consigne indispensable avec un border Collie : *le chien a son coin qui est interdit aux enfants, et sur ordre le Border Collie doit rejoindre ce coin.* Il faudra être attentif aux enfants qui pleurnichent pour un « oui » ou pour un « non » et qui conduisent le chien à être réprimandé. Le Border Collie a de la mémoire et l'enfant verra le chien le bouder.

L'intelligence est certainement la qualité première du Border Collie. Il s'agit de la faculté d'apprendre, de la prédisposition à l'écoute, de la capacité d'adaptation et du respect absolu du maître. Mais l'instinct primaire du Border Collie est le travail au troupeau. Les bergers ont éliminé les sujets médiocres, et aujourd'hui de toutes les races, la capacité à apprendre du Border Collie est au-dessus de la moyenne. Seulement cette sélection à pour revers que les besoins physiques du Border Collie qui sont contraignants, car il faut qu'il coure, que son maître interagisse avec lui, et qu'il se sente utile. Alors au quotidien, c'est parfois épuisant si le Border Collie ne se dépense pas suffisemment.

Le Border Collie est à réserver à des maîtres avertis qui sont disponibles : l'instinct peut occasionner des difficultés de comportement. Il est très actif, et a absolument besoin de beaucoup d'exercice et de travail ainsi que d'une éducation pointue.

Son principal défaut, est son obsession naturelle à contrôler le mouvement : tout ce qui bouge le passionne, tout ce qui est dispersé le dérange. Si cet instinct n'est pas géré par une éducation adéquate – c'est pourquoi un LOF est indispensable – , sinon il s'exprimera sur tout ce qui bouge : ballon, chat, poules, vélos, poussettes, tondeuses à gazon, tracteurs et ce sera l'enfer, car il adoptera le comportement de la prédation.

En conclusion au quotidien, le Border Collie est gentil, à condition d'être actif, et surtout il a absolument besoin de beaucoup d'exercice et de travail ainsi que d'une éducation et un dressage à la hauteur de ses prédispositions.

Le Border Collie est dynamique, intelligent, docile, avec une grande capacité d'adaptation. Il est le chien idéal pour un maître averti et disponible.

Voici quelques questions qui m'ont été posées, après la première édition de ce guide.

« Lorsque mon Border Collie ne revient pas tout de suite, dois-je le gronder ? »

En général le Border Collie, va gagner du temps sur le jeu et la liberté, il va prendre son temps avant de revenir quand vous l'appelez ? Cette situation peut vous énerver et vous donner envie de réprimander votre chien afin qu'il comprenne que la prochaine fois il serait préférable qu'il revienne plus vite. Cela est une erreur car votre chien ne comprendra pas cette logique. Lui, fonctionne dans l'apprentissage immédiat. En le réprimandant lorsqu'il revient, vous lui apprenez que revenir vers vous n'est pas une bonne chose. Dans ce contexte il est probable que la fois suivante votre Border Collie ne souhaite plus du tout revenir par crainte de se faire disputer. Je préconise de toujours félicitez votre chien lorsqu'il revient, même après une bonne dose de stress pour vous. Par contre, vous devez le remettre en laisse et continuer la ballade ainsi suffisamment longtemps. Un Border Collie est intelligent il comprendra que se faire attendre à l'injonction « au pied » entraîne ensuite une privation de liberté.

« Lorsque je remarque que mon Border Collie a fait une bêtise pendant mon absence, dois-je le punir systématiquement » ?

Votre chien détruit ou est malpropre en votre absence si vous le grondez en rentrant chez vous pour lui faire comprendre que vous ne souhaitez pas qu'il ait ce comportement, c'est une erreur. Dans cette situation, votre chien comprendra que vous ne voulez pas de cette bêtise et non que vous ne vouliez pas qu'il fasse cette bêtise ! Par exemple, si votre chien fait pipi en votre absence et que vous le réprimandez après coup, il comprend que vous ne voulez pas du pipi dans la maison et il risque d'éliminer ces traces en mangeant ces excréments. Il ne comprend donc pas la situation tout simplement car une réprimande doit toujours être sur le fait. Pour régler des comportements gênants en votre absence, il faut toujours en déterminer la cause afin de mettre en place des solutions adaptées et cohérentes pour votre chien. La première règle lors de l'éducation de base est de respecter une progressivité en commençant par la laisser seul cinq minutes, puis vous augmentez le temps, n'en oubliant pas de le féliciter à votre retour si tout va bien. Vous ignorez le chien s'il y a eu bêtise. Le Border Collie peut se montrer vengeur s'il ne sort pas assez, et il pourra déchiqueter un objet.

« Mon Border Collie a peur quand on sonne à la porte, et s'il y a des cris il se cache, est-ce normal ? »

Si votre chien a peur, et que vous le réconfortez comme un enfant, avec une petite caresse, cette attitude est plutôt perçue par votre chien comme une validation de son comportement. C'est un peu comme si vous lui disiez "c'est bien d'avoir peur". En effet, quand votre chien fait quelque chose de bien, il est naturel de féliciter avec une petite caresse, en revanche quand il n'a pas un comportement que vous souhaitez, la caresse est à proscrire. Lorsque votre chien a peur, ignorez le complètement. Ignorer c'est : ne pas toucher, ne pas parler, ne pas regarder. Eh oui, un simple mot de votre part que vous pensez apaisant, aura l'effet d'une validation pour votre toutou. Le Border Collie n'a pas une vocation de garde, son truc à lui c'est courir, poursuivre et regrouper, mais avec une bonne éducation il sera en capacité de prévenir et de dissuader. Si vous évitez le dressage à la « brutus », le Border Collie sera en confiance et vous pourrez lui enseigner les rudiments de la garde (voir mon guide sur l'éducation du chien de garde).

« Je cours après mon Border Collie lorsqu'il s'éloigne de trop ai-je raison ? »

Votre chien s'éloigne quand vous le promenez votre réflexe de le suivre, voire de lui courir après pour le rattraper est injustifié. C'est justement la chose à ne pas faire ! En suivant votre chien, cela revient à lui dire "continue, je te suis" ou encore « OK, allez viens on joue ! ». Eh oui ! Si vous courez, il prendra cela pour un jeu et recherchera à reproduire cette attitude de votre part. Faites demi-tour afin de faire comprendre à votre chien que s'il ne vous suit pas, il risque vous perdre. De plus, vous renforcerez le suivi naturel de votre chien. N'hésitez surtout pas à effectuer des demi-tours sans raison !

« Puis-je laisser mon enfant seul avec mon Border Collie ? »

Ne laissez jamais, ô grand jamais, votre chien seul avec votre enfant ! Cette règle de sécurité devrait être connue de tous les parents car même le chien le plus gentil du monde peut être agressif ou blesser sans le vouloir un enfant. De plus, les enfants ne savent pas reconnaître les signaux d'agressivités et peuvent se montrer brutaux ou trop dynamiques envers un chien. Ne prenez pas ces règles de sécurité à la légère, un accident est, malheureusement, bien trop vite arrivé. Même si en général le Border Collie adore les enfants, il faut surveiller.

LES SIGNES D'APAISEMENT

Les signaux d'apaisement sont les canaux utilisés par le chien pour communiquer. C'est la base avant l'éducation que de savoir lire le langage du chien.

Avec un Border Collie, comme en général avec tous les chiens de berger, les signaux sont toujours clairs.

Le bâillement est l'un des signaux d'apaisement les plus courants et les plus fréquemment utilisés par le chien. Le chien baille avant tout pour se calmer lui-même. Il s'agit donc plus d'un signe d'auto apaisement, voire de relaxation. Bâiller permet au chien de se détendre. Vous verrez souvent votre Border Collie courir en de longs cercles dans la steppe, puis revenir vers vous en haletant et enfin bailler. Ce comportement est normal. Votre Border Collie est excité puis il s'est dépensé et maintenant il se calme.

Tourner la tête légèrement de côté quand vous le grondez, signale chez le Border Collie qu'il admet votre reproche. Ceci est vrai pour un Border Collie mais par pour un Malinois par exemple, qui ne tournera probablement pas sa tête, lorsque vous serez en colère, agressif et menaçant. Si vous lui mettez de la « pression » en vous penchant au-dessus de lui pour le gronder, votre Border Collie pourra faire un mouvement très bref avec les yeux ou la tête uniquement quand vous lui parlez, ou encore rester avec la tête tournée de côté, il n'accepte pas votre attitude.

Se lécher les babines : Est un signal utilisé

fréquemment dans des situations tendues. Il sera très souvent précédé d'un détournement de tête ou de sentir le sol. Le Border Collie qui réagit ainsi est en limite, comme ce n'est pas une race qui fait face, il va intérioriser, cela est le point de départ pour que le chien devienne « trouillard ».

Le reniflement de la terre : Cette attitude est souvent vue lors de la rencontre entre deux ou plusieurs chiens, ou à l'approche d'un congénère. Également dans les endroits bruyants ou encore devant des objets inconnus. Le Border Collie évalue son congénère et si l'autre lui répond favorablement ils se lanceront dans une course-poursuite.

Uriner : C'est un comportement de marquage de territoire, pour le mâle Border Collie. Il ne faut pas le punir pour cela.

Se gratter, se secouer : Dans une situation qui le met mal à l'aise, ou si le Border Collie arrive dans un endroit inconnu, ou vit une situation nouvelle, vous verrez très fréquemment un Border Collie se secouer ou se gratter. Ce n'est pas une race qui fait face. Il est très probable qu'à l'approche d'une personne inconnue, le Border Collie se retourne, ou se secoue juste après le premier contact. Cela sert à son propre apaisement.

Marcher lentement : Votre chien vient très lentement quand vous l'appelez ? Alors dépêchez-vous de changer la tonalité de votre voix. Il veut gagner du temps et continuer à jouer ou à se balader en liberté. C'est une position qui indique qu'il n'aime pas quelque chose et il vous le reproche. Il n'y a aucune agressivité dans ce signal.

Se déplacer au ralenti : Le Border Collie le fait souvent en détournant le regard ou en levant la patte, avec un air mal à l'aise. Il y a lieu de porter une attention toute particulière à cette attitude car il se peut que le chien soit fatigué, ait mal, et vous le montre de cette manière.

Arriver en faisant un (des) détour(s) : Si lorsqu'il est en laisse votre chien souhaite faire un détour à l'approche de quelque chose d'inquiétant pour lui - homme/animal/objet -, laissez-le faire. Faire des détours face à un congénère ou un humain, permet au chien de montrer qu'il n'a aucune mauvaise intention envers lui. Comme le Border Collie n'est pas agressif, il ne cherche pas la bagarre avec ses congénères.

S'asseoir : Si votre chien s'assied systématiquement lorsque vous lui demandez de vous obéir, il faut impérativement prendre un ton moins menaçant pour interrompre clairement l'agression, le stress ou la peur.

Se retourner : Le chien tourne le dos à l'objet ou la personne qui le menace pour montrer qu'il n'a aucune intention agressive, et il fait de même si le comportement de son vis-à-vis le dérange ou l'inquiète. C'est normal chez un Border Collie car ce n'est pas un chien agressif, bien au contraire.

Se mettre sur le dos : si le Border Collie se roule sur le dos en exposant son ventre et sa gorge et qu'il a les oreilles couchées en arrière, la tête sur le côté, les yeux à moitié fermés, le front lisse, ainsi que la queue ramenée sur le ventre, il s'agit d'une attitude de demande de jeux.

Pour avoir une communication avec leur

entourage direct, les chiens ont un langage essentiellement corporel, à travers lequel ils utilisent la posture du corps entier, les oreilles, la queue, la tête, le regard et les mimiques faciales. En additionnant et en combinant les signes avec les dites parties de leur corps, ils vont demander un contact social, faire un appel au jeu, reconnaître un supérieur hiérarchique ou encore menacer.

Malheureusement, la plupart des maîtres interprètent souvent à tort le langage corporel du chien et le comparent aux attitudes humaines.

CHOISIR SON CHIOT

Je vais d'abord, parlez de vous, futur maître, avant de vous livrer un lot de conseils sur le choix de votre Border Collie. La petite boule de poils, c'est tout beau, tout mignon. Êtes-vous sûrs de votre choix ?

Un chien c'est pour 12 à 14 ans de vie commune avec un compagnon.

Êtes-vous joueurs — pas de poker ou de roulette russe — mais de balle, ou de Frisbee. Le jeu est le secret pour établir une connivence avec votre chien. Si vous associez le jeu et la récompense alors ce sera gagné. Mais attention, l'usage de la récompense est un art. L'objectif n'est pas d'avoir un chien dépendant à la croquette.

Je vais faire des grincheux, mais un Border Collie ne s'achète pas en animalerie, et surtout pas chez un particulier non déclaré comme éleveur et qui aurait de magnifiques chiots sans LOF. L'élevage est depuis janvier 2016 réglementé. C'est une affaire de professionnels.

Il y a d'excellent élevage, les portées sont indiquées sur le site de l'AFBC.

Seul les élevages sérieux qui se conforment à l'orientation du club de race, sont référencés. Une fois repéré la portée, il faudra sur le site du club regarder la cotation des chiens reproducteurs de l'élevage, mais aussi les cotations en général des chiens de l'élevage. Je vous conseille vivement de contacter le club de race.

Vous devrez visiter l'élevage, il ne faudra pas

décider avant, et surtout pas par téléphone. Vous prendrez rendez-vous pour une visite.

Lors de la première visite de l'élevage, faites confiance à votre instinct, soyez observateurs, questionnez l'éleveur. Avec ce livre vous saurez déjà beaucoup de choses. Vous allez vivre de dix à quatorze ans, avec votre compagnon. Voyons, c'est sérieux.

C'est très intime. Vos enfants joueront avec votre chien. C'est essentiel que votre chien soit sociable. Attention, avec un enfant ne perdez jamais le chien de vue. Quelle que soit la race du chien cette règle est essentielle.

Pour choisir votre chiot, il y a le test du comportemental élaboré par le psychologue William Campbell à la fin des années soixante, qui a été créé pour prévoir les tendances comportementales des chiots soumis aux ordres et à la domination (physique et sociale) de l'homme.

Son but est d'aider un acquéreur potentiel à choisir, à l'intérieur d'une portée, le sujet le plus adapté au milieu et à la famille dans lesquels il est appelé à vivre.

Le test de Campbell est très utile si l'on n'attend pas d'autres résultats que ceux prévus à l'origine par ce test : ce n'est ni un test d'intelligence ni un test d'aptitude, et l'on ne peut donc pas considérer qu'il va nous fournir des indications allant dans ce sens.

Dans quelques cas seulement, avec des races au caractère très particulier – comme le Chow-Chow –, le test de Campbell ne donne pas de résultats fiables.

Le test se fait entre quarante à cinquante jours, il dure une demi-heure. Dans un lieu isolé, tranquille, n'offrant aucune distraction, et clos. Il doit y avoir une entrée parfaitement identifiable. Il est indispensable que ce lieu, situé à l'extérieur ou à l'intérieur, soit absolument inconnu du chiot.

Le futur propriétaire du chiot doit demander à exécuter le test lui-même. Le test permet de mesurer le futur lien chien - maître.

Si l'éleveur vous dit qu'il a déjà soumis la portée au test, demandez-lui gentiment l'autorisation de le refaire vous-même. S'il refuse, à vous de juger l'éleveur. Sûrement sa notoriété est surfaite. Méfiez-vous des éleveurs qui refusent, ce n'est pas eux qui payent les pots cassés surtout avec un Border Collie. Malheureusement la SPA recueille trop de Borders Collies.

Vous prenez vous-même le chiot que vous envisagez et vous le conduisez dans une zone choisie pour le test. Cette zone est évidemment convenue avec l'éleveur.

Vous ne devez pas parler au chiot, ni l'encourager, ni le caresser. Si le chiot fait ses besoins pendant le test, ignorez la chose et ne nettoyez l'endroit que quand le chiot sera parti.

Attraction sociale : Posez délicatement le chiot au centre de la zone de test et éloignez-vous de quelques mètres dans la direction opposée à celle de l'entrée. Accroupissez-vous ou asseyez-vous en tailleur et tapez doucement dans vos mains pour attirer le chiot, il doit vous rejoindre.

Aptitude à suivre : Partez d'un point situé à proximité du chiot et, éloignez-vous du chiot en marchant normalement. Le chiot doit vous suivre tout de suite.

<u>Réponse à la contrainte</u> : Accroupissez-vous, retournez délicatement le chiot sur le dos et maintenez-le dans cette position pendant 30 secondes environ en laissant votre main sur sa poitrine. Le chien se rebelle puis se calme et vous lèche.

<u>Dominance sociale</u> : Baissez-vous et caressez doucement le chiot en partant de la tête et en continuant par le cou et le dos. Le chiot se retourne et vous lèche les mains.

<u>Dominance par élévation</u> : Prenez le chiot sous le ventre en croisant vos doigts, les paumes des mains vers le haut. Soulevez-le légèrement du sol et maintenez-le ainsi pendant 30 secondes environ. Le chiot se rebelle puis se calme et vous lèche les mains.

Le test complet est modulable, en fonction des réponses, je vous ai donné les meilleures réponses du chiot.

Certains chiots ont tendance à réagir d'une façon agressive et pourraient même mordre. Ils ne conviennent pas à une famille avec des enfants ou des personnes âgées, car ils ont trop de caractère et sont à réserver à un maître averti qui veut faire de l'activité canine.

Certains chiots ont tendance à se faire valoir, sans toutefois atteindre des excès. Ils ne sont pas recommandés dans les familles où vivent déjà des enfants en bas âge ou d'autres chiens du même sexe.

Certains chiots, sont extrêmement soumis, et

devront recevoir beaucoup de douceur et de gratifications pour avoir confiance en eux et parvenir à s'adapter le mieux possible au milieu humain. Ils cohabiteront difficilement avec des enfants.

À vous de situer le chiot en fonction du test. Le chiot a répondu comme je vous l'ai indiqué, il est complètement équilibré et pourra s'adapter partout, même s'il y a des enfants ou des personnes âgées. Il a un degré élevé de docilité.

Comprenez que nous n'appréhendons pas la dominance qui est un facteur lié à la meute, mais bien la docilité et donc la facilité d'éducation.

Maintenant vous pouvez réserver votre bébé chiot. Vous poserez une option ferme et vous donnerez un acompte.

Une femelle ou un mâle. Un mâle ou une femelle ? C'est au choix. Considérez qu'un mâle à plus de caractère est inexact, chaque chien est influencé par ses gènes et son environnement. Les gènes sont connus si vous prenez une lignée avec un LOF, et que vous avez pris le temps d'observer les parents et les frères et sœurs. Ce sera à vous de créer l'environnement adéquat.

Vous viendrez voir l'évolution de la portée lors d'une deuxième visite dès que les chiots auront soixante jours. Vous pourrez vérifier que le chiot choisi est toujours équilibré, simplement en faisant quelques jeux.

LES JEUX

Le principe du jeu avec le chien, c'est que tout le monde gagne, et le maître ne perd jamais c'est une règle absolue.

Tout ce qui compte c'est d'utiliser le jeu pour faire apprendre. Un comportement récompensé a tendance à se répéter et un comportement réprimandé par « **NON** » à tendance à décroître avec le temps et parfois disparaître.

Le renforcement positif est la base de l'apprentissage par le jeu. Gagner et perdre renforce votre obstination alors vous persistez et vous vous améliorez, et un jour vous devenez un champion.

Seulement, il faut gagner de temps en temps, sinon vous serez frustrés et vous abandonnerez. Soit on fera semblant de vous laisser gagner, soit on vous proposera des niveaux de jeu à votre portée, et ainsi la motivation suivra. C'est essentiel pour un Border Collie, qui bouge sans cesse.

Les jeux de traction sont anodins est dérivé de la dispute pour un morceau de proie. C'est un jeu que le chien adore. C'est un jeu qui renforce le mordant, l'intensité de la prise en gueule. Si le chien essaye de vous mordre, le jeu de traction est immédiatement stoppé.

Les jeux de rapports d'objets sont fortement conseillés pour les Borders Collies. Vous lancez une balle. Le chien doit courir vers l'endroit où la balle est tombée. Ensuite vous lui apprendrez à rapporter la balle, puis à vous la donner et à aller la rechercher si vous la lancez à nouveau. Attention dès que votre chien s'énerve ou se prend au jeu, stoppez immédiatement.

Un anneau flottant, remplacera la balle de tennis pour jouer au rapport d'objet en milieu aquatique. Les Borders Collies adorent jouer dans l'eau, ne les en privez pas.

Le jeu de la balle jaune et de la balle rouge. Vous prenez une balle jaune, et une balle rouge. Vous insérez une friandise dans la balle jaune. Vous trouverez des balles et des jouets prévus pour insérer de la nourriture. Vous posez les balles à cinquante centimètres du chien et, dès qu'il s'en approche et pousse du nez la balle jaune vous annoncez : « Balle jaune » et vous récompensez le chien. Vous devez répéter 10 fois la procédure. Ensuite vous demandez : « Balle jaune » et, dès que le chien touche la balle, vous annoncez « Rapporte ». L'astuce est que si le chien rapporte vous extrayez la friandise et vous la lui offrez. Dès que le chien maîtrise le rapport de la balle jaune, vous enlevez la balle jaune et vous la remplacez par la balle rouge avec une friandise dedans. Suivez la même procédure en disant « Balle rouge » (au lieu de « Balle jaune »). S'ensuivent la récompense et les répétitions. Vient alors le moment crucial de la discrimination. Vous placerez les deux balles avec des friandises et vous demandez au chien « Balle jaune ». S'il rapporte la balle jaune, il est récompensé ; s'il rapporte la balle rouge, il n'est pas récompensé. Vous lui donnez, bien entendu, le droit à l'erreur. Recommencez la procédure jusqu'à ce que le chien ne se trompe plus. Ensuite, ajoutez un troisième objet, puis un quatrième, etc.

Les jeux de pistage. Vous demandez au chien un « Assis Pas Bouger » et vous vous éloignez en emportant sa gamelle que vous déposez à trois mètres. Ensuite, vous demandez au chien de trouver son repas en annonçant « Cherche ». Une fois que le chien a pris l'habitude, vous dissimulez la gamelle mais en laissant le chien voir la cachette. Ensuite vous dissimulerez de mieux en mieux le repas, tout en restant visible, n'oubliez pas l'ordre « Cherche ». Ensuite ce sera l'étape ou le chien ne vous verra plus cacher sa gamelle, et vous lui direz « Cherche ». Une fois que le chien joue avec plaisir à chercher sa nourriture, vous allez évidemment lui faire chercher, d'abord en les humant, des objets particuliers comme des vêtements, ou autres. Vous l'avez compris c'est la méthode utilisée pour les chiens de recherche (stupéfiant, personne disparue, personne recherchée…).

La procédure de jeu est toujours à la base de la procédure de travail professionnelle.

Je vous donne maintenant des jeux qui feront l'admiration de vos amis et vous permettront de faire faire le clown à votre chien et croyez-moi il adorera.

Fais le beau/la belle. Mettez le chien « assis », passez une friandise au-dessus de la truffe et montez votre main pour le faire se redresser jusqu'à ce que ses pattes avant ne touchent plus le sol, puis vous donnez la consigne « Fais le beau/la belle » et vous récompensez.

Danse. Une fois que le chien fait le beau/la belle, vous pouvez le faire tenir debout sur les pattes arrière, pendant quelques secondes, ensuite vous pourrez le faire marcher en avant, en arrière, puis tourner ou avancer à reculons. Allez-y doucement, très progressivement, et récompensez. Si le chien se trompe, il faudra descendre à un exercice de niveau en dessous le faire réussir et tenter le niveau au-dessus.

Fais le mort. Quand le chien est couché de tout son long sur le côté sans bouger, dite « Fait le mort ». Répétez à chaque fois quand le chien est allongé de côté. Après une dizaine de répétitions, vous essayez quand le chien est debout à le lui demander. Surtout récompensez.

N'oubliez pas de répéter les conditionnements. Vous pouvez imaginer des tas de procédure d'apprentissage. Votre chien adorera, vous verrez il est très doué.

LE COMPORTEMENT DU BORDER COLLIE

La plupart des Borders Collies s'ennuient et souffrent d'un manque d'activité. Dormir, boire, manger, être caressé, sortir en laisse pour une petite promenade résume la vie de beaucoup de nos chiens.

Génétiquement, instinctivement, un Border Collie est programmé pour l'action. L'inaction le conduit souvent à avoir des problèmes de comportement et des troubles psychosomatiques. Ne pas répondre aux besoins de votre chien est une forme de maltraitance passive.

Pour le Border Collie l'action c'est sa vie.

Nos Borders Collies vivent des émotions, et ont des sentiments. Nous ne pouvons pas savoir exactement ce que ressent notre chien, mais nous pouvons l'appréhender, si le rapport que nous avons établi avec notre chien est de confiance et de connivence. En observant notre chien nous pourrons apprendre, tester puis anticiper. Il n'y a rien de mystérieux, c'est simplement de l'observation.

Le modèle hiérarchique est le modèle le plus répandu et le plus utilisé. Chaque comportement du chien est disséqué et interprété en termes de pouvoir et d'autorité. On parle de chien dominant et de chien soumis. Trop de dresseurs canins ont pour mot d'ordre de dominer le chien, et donc de casser son caractère.

Vous voulez un Border Collie, alors il faudra

oublier la méthode forte. Pour votre chien n'utilisez pas cette méthode, vous allez trop perdre en annihilant la capacité innée du Border Collie à l'anticipation.

La seule voie, que j'ai toujours utilisée est le travail de communication avec le chien. Je vis en permanence avec quatre chiens, je parle en maître, pas en maître-chien.

Je ne suis pas un théoricien. Souvenons-nous de Descartes qui prônait l'animal robot, le monde canin a encore trop de théologiens radicaux. Faites donc le tour des clubs, et observez.

Il y a bien entendu une majorité de maîtres qui ont une bonne communication avec leur chien : ne généralisons pas. Seulement les refuges sont remplis de Borders Collies abandonnés. Aussi le métier de comportementaliste canin se développe et ses professionnels ne sont pas toujours vétérinaires ce qui serait un moindre mal sauf qu'ils vous videront les poches généralement sans résultat probant.

Il ne faut pas essayer de guérir un chien de l'une des deux maladies du maître : l'autoritarisme ou la faiblesse.

Des chiens qui ont tous les droits, comme s'ils s'agissaient de princes développent des problèmes de comportement liés aux manques de repères et aux manques de limites. Je n'ai rien contre le « chien chien » à sa mémère sauf que le Border Collie développera de graves problèmes de comportements comme l'agressivité et la destruction.

Il y a une méthode simple et efficace pour

communiquer avec son chien. C'est par la connaissance que tout commence, par la pratique qu'il faut poursuivre, et c'est l'entraînement qui forge l'expérience.

Les comportements chaotiques et psychotiques, sont essentiellement liés à deux modes de communication avec le chien : autoritarisme et laisser faire.

Il faut répondre à tous les besoins du chien. Car sinon nous n'aurons plus que des chiens dépendants comme des gosses de leurs parents. C'est juste irresponsable et c'est de cette situation que viennent les difficultés de comportement.

Les comportementalistes, parlent d'Hyper pour un chien qui tend vers l'hyperactivité. Et d'Hypo, pour un chien timide, peureux, qui refuse l'activité. Évidemment il s'agit de tendance, et il faut observer les modulations. En résumé les comportements « Hyper » et « Hypo », sont moins graves que les comportements chaotiques et psychotiques.

Un chien doit être équilibré. Mon guide vous propose d'être un maître averti en harmonie avec votre chien. Vous utiliserez en priorité la communication et l'activité comme base de la relation, en incluant l'autorité à bon escient et le câlin souvent.

L'ARRIVÉE DU CHIOT

Avant de voyager, vous avez réglé les dernières formalités, et vous avez été particulièrement attentifs aux vaccinations. Vous avez un carnet de santé, un livret des origines familiales, un carnet de vaccinations et une facture.

Pour votre voyage, sachez que le chiot est un être fragile qui va pour la première fois vivre ce qui est pour lui un drame. Alors soyez compréhensifs envers votre chiot.

Vous ferez une halte par heure. Vous avez de l'eau, une gamelle, du papier absorbant, deux serviettes, et une vieille chemise à vous.

Pourquoi vous demandez-vous ? Eh bien la chemise va beaucoup servir plus tard car elle sera imprégnée de votre odeur, et deviendra une ancre pour le chien.

Lorsque le chiot entre à la maison, il faut qu'il trouve un coin prêt pour lui. Il aura un panier avec un tapis moelleux. S'il vous plaît éviter l'osier car le chiot va déchiqueter et engloutir des morceaux. Vous aurez prévu deux écuelles si possible en acier et des jouets. Il devra y avoir deux types de jouets, pour s'amuser, et pour travailler.

Ne donnez pas de jouets en mousse ou en plastique que le chiot va détruire et dont il avalera des morceaux. Je préconise une balle ronde, une balle ovale et une barre en élastomère. Je ne suis pas sponsorisé, alors je m'autorise à vous conseiller la marque Kong qui est à mon sens la plus résistante et qui est ajourée pour mettre des friandises dans les jouets. Je renouvelle peu les jouets de mes quatre chiens en privilégiant la résistance.

Les spécifiés du chiot Border Collie est qu'il va tout mâchouiller, certaines races sont des destructeurs, mais lui le Border Collie mâchouille et poursuit tout ce qui bouge.

Il ne faudra pas donner de suite ses jouets au chiot. Vous devrez attendre au minimum trois jours avant de jouer avec lui. Ensuite vous pourrez en laisser à la disposition du chiot.

Les jouets de travail vous les garderez pour l'apprentissage avec votre Border Collie. Cette procédure est la base de l'éducation du chien.

Le chiot en arrivant va devoir s'habituer à son chez lui et à sa nouvelle famille. Soyez patients, laissez le chiot prendre ses marques. Vous devrez attendre que votre chien soit en sécurité et se sente protégé avant de le solliciter. C'est vrai pour tous les chiens et c'est encore plus vrai pour un Border Collie. C'est un chien qui chiot peut très vite s'effrayer. S'il est né dans un milieu d'utilisation, ce sera plus facile car la mère l'aura plus préparé que dans un élevage pouponnière.

À son arrivée, vous allez d'abord continuer les câlins. Puis doucement à son grès laisser le chiot explorer sa nouvelle maison. À ce moment-là, il y aura peut-être un besoin urgent. Faite comme si de rien n'était. S'il vous plaît ne montrez pas au chien que vous nettoyez, ne marquez pas le moment des besoins sinon vous augmenterez le temps que le chiot mettra à être propre.

Si vous avez un jardin, vous pourrez anticiper le moment du besoin urgent. Votre chiot sera très vite propre.

Le Border Collie fourrera son museau partout, laissez-le faire pour qu'il puisse se familiariser avec son milieu. Comme il va à un moment faire une bêtise, votre première leçon d'éducation va commencer.

Vous devez savoir dire « NON » et de façon sèche. C'est très important.

Ne vous inquiétez pas, si vous devez répéter. Pendant les deux premières semaines, c'est juste un « NON » que vous répéterez autant de fois que nécessaire. Surtout il ne doit pas y avoir de punition.

Ne vous précipitez pas au moindre gémissement du Border Collie, sous peine d'en faire un mauvais comportement. C'est une race qui a besoin de temps avant que les chiots s'affirment, ensuite il faut gérer car c'est de la dynamite en terme d'énergie.

Le Border Collie vit sa vie, et vous vivez la vôtre. Il y a un moment pour le jeu, un moment pour l'éducation, un moment pour le repas, des moments pour courir et d'autres pour se reposer. Ce n'est pas le chien qui décide.

Éviter l'accident en apprenant à bien soulever le chiot, mettez une main sur la poitrine, mettez l'autre main sous les fesses.

Après une semaine vous ne direz « NON » que deux fois. Si le chien continue, vous n'insisterez pas. Vous changerez de stratégie. Première leçon il ne faut pas crier. Deuxième leçon il ne faut jamais toucher le chien pour le contraindre.

Vous allez associer l'ordre « NON » à un bruit. J'ai choisi la bouteille d'eau en plastique vide que j'ai remplie de petits cailloux et que j'ai bien bouchonnée. Vous lancerez la bouteille à droite ou à gauche du chien en donnant sèchement l'ordre « Non ». S'il vous plaît ce n'est pas un jouet mais un outil d'éducation, alors ne donnez pas la bouteille au chiot. Je dis à droite ou à gauche et suffisamment loin de lui. C'est juste fait pour détourner son attention. L'erreur sera de toucher le chien avec la bouteille car vous le rendrez peureux. Une autre erreur est d'utiliser un clicker ou un sifflet qui ne seront plus utilisables en éducation.

Votre Border Collie devra rester une semaine dans sa maison avec sa famille. Il ne devra pas rester seul car il serait désorienté et stressé. Et malheureusement votre chiot répondra à sa façon à son déséquilibre. Les premiers instants, les premières heures, les premiers jours sont capitaux pour un chiot Border Collie, c'est son équilibre qui est en jeu. Ce n'est pas une race affirmée, c'est un long apprentissage qui lui permettra d'être calme et équilibré. Le Border Collie doit apprendre à gérer ses peurs et notamment celle liée à la séparation de sa mère. Le chiot va devoir faire une partie de transfert vers vous, c'est essentiel que vous le compreniez et que vous l'acceptiez. Il aura besoin que vous lui parliez, que vous le caressiez, que vous le guidiez dans ses premières expériences. Il ne faut pas vous transformer en mère poule ou en papa poule, mais un petit chiot Border Collie a besoin de beaucoup d'amour et aussi que de temps en temps vous éleviez la voix, mais attention il doit comprendre pourquoi vous le grondez.

Après une semaine, sortez et laissez le chien seul chez vous cinq minutes puis revenez. Félicitez-le, il est resté tranquille, il sera content de vous revoir. S'il a fait un besoin, ou une bêtise, faite comme si de rien n'était. Vous pourrez diminuer le temps, et mettre trois minutes. En général nous commençons par cinq minutes, puis dix minutes, faites-le tous les jours, et augmentez la durée. Le chien n'a pas la notion du temps. Mais, le chiot Border Collie a très peur de l'abandon. Alors transformez la notion d'abandon en attente positive.

À partir de deux semaines chez vous votre Border Collie devra sortir et là aussi vous devrez respecter une procédure. Pour sa première sortie le chien sera avec une laisse et avec un collier en cuir et surtout pas de collier étrangleur et encore moins de collier électronique.

Vous maîtrisez le premier commandement qui est le « Non ». Vous allez travailler l'ordre « Au pied ». Vous vous rendez dans un endroit calme et vous allez apprendre au chien à marcher à côté de vous. Commencez par mettre votre chien à votre gauche, puis commandez « nom de votre chien - au pied » et avancez la jambe gauche. Le mousqueton doit tomber librement, le chien doit avoir les épaules au niveau de votre genou. Le chien doit vous suivre mais pas vous devancer. Surtout allez-y doucement, vous ne corrigez pas le chien, vous lui apprenez. Ne vous inquiétez pas, il comprend.

Votre ordre sera toujours « nom de votre chien - au pied » et vous ramènerez délicatement le Border Collie en bonne position. J'ai dit délicatement car c'est un chiot. Mais il a le droit de sortir, et en tout cas il ne doit pas apprendre un mauvais comportement. N'allez pas vous compliquer la vie, pour plus tard. Le chien est en apprentissage. Soyez compréhensifs. Avez-vous appris immédiatement ?

Pour l'instant limitez-vous à l'apprentissage de la marche en laisse. Et ne brûlez pas les étapes. Vous avez remarqué que nous avons commencé tôt son éducation. Le Border Collie à des gènes, c'est un chien de troupeau, dès les premières sorties il demandera à galoper, se fera la malle si vous n'y prenez pas garde, il a la poudre d'escampette. Malheureusement vous devrez patienter, le lâcher serait une grave erreur qui compromettrait son éducation. Sauf dans le cas où il est à la ferme avec d'autres Borders Collies et que vous souhaitiez confier son éducation aux aînés.

Les sorties devront être progressives en durée et en complexité. N'exposez pas votre chiot au centre-ville un samedi aux heures de pointe.

Commencez par des balades en campagne, puis en ville dans un endroit protégé du trafic, puis petit à petit exposez le chien. Le Border Collie est attiré par le mouvement, il ne demande qu'une chose poursuivre la proie qui pour lui est à l'heure actuelle une voiture, un animal, en fait tout ce qui bouge. Au plus le Border Collie prendra confiance et au plus il vous fera une vie pas possible pour gagner la liberté. C'est l'heure de l'école du chiot, et elle va lui faire un très grand bien. Oui, oui il a que quatre mois, je sais.

Tôt ou tard en vous baladant votre chien aura peur. S'il vous plaît n'ancrez surtout pas ce comportement. Faites comme si de rien n'était et continuez à marcher. Il ne faut jamais féliciter un chiot pour un comportement inadéquat.

Je vous résume ma méthode pour le chiot : l'ancrage et le renforcement positif. Rien d'autre.

Quand on désire un peu de tranquillité à la maison, on peut utiliser un enclos pour chiot. Le chien doit avoir un repère, c'est son panier. Il doit de lui-même s'habituer à s'y rendre. C'est son coin, vous devait y aller si possible uniquement si il ne vous voit pas et pour nettoyer.

Vous pouvez aussi avoir une cage de transport métallique. Il faut l'y habituer dès son plus jeune âge, en le mettant dedans. Certains Borders Collies font des caprices s'ils sont mis en cage de transport. Personnellement je ne cède pas, mais je reconnais que c'est un crève-cœur.

Pour amener le chien à utiliser son panier puis à accepter sa cage de transport, il faut y placer au début un os à mâcher, de la panse à mordiller, des oreilles à lécher, et son jouet préféré mais surtout sous le coussin la chemise qui a été utilisée pour l'arrivée du chien et qui porte votre odeur.

Ne l'oubliez pas l'ancrage olfactif est une façon de rassurer le chien. Vous voulez l'habituer à rester seul un moment dans la voiture, à l'hôtel, chez des proches, chez des amis, il faudra utiliser l'ancrage olfactif pour que le chien reste serein. Bien entendu l'apprentissage est obligatoire, c'est de l'immersion puis de la répétition. Donc apprenez au chien, puis répétez.

Prenez votre temps, le Border Collie apprend très vite, mais ce n'est pas un robot et parfois il fait du chantage. Dans ce dernier cas restez gagnants en n'insistant pas.

Le chiot ne devra jamais être dérangé lorsqu'il se trouvera dans son coin. Le chiot doit avoir à boire en permanence. Lorsque je me déplace je pense à amener de l'eau pour le chien. Un chien boit beaucoup, et de l'eau saine et propre.

Le chiot mange à heure fixe une ration prévue et si possible une alimentation de qualité. Il a 20 minutes, puis vous enlevez la gamelle. Je vais insister sur la nourriture, le Border Collie est un grand sportif, il lui faut des aliments sains et protéinés en conséquence.

J'utilise personnellement des croquettes bios. Ne donnez pas en dehors du repas.

Pour les friandises, vous devez comprendre qu'elles sont nécessaires à l'éducation du chiot et plus tard du chien. Je me répète il faut travailler en renforcement positif. Donc la récompense est un outil d'éducation. Seulement la récompense est calorique. J'utilise du cœur de bœuf qui est une friandise sans gluten, sans sucre, sans sel.

Il est important de commencer très jeune à habituer votre Border Collie aux soins quotidiens : oreilles, yeux, brossage...

On peut croire que votre chiot est équipé de piles longue durée, mais il a besoin de beaucoup de repos pour grandir. Plus votre chiot est grand, plus il est enclin à des problèmes d'articulation, et les jeunes chiens peuvent développer des problèmes graves s'ils font trop d'exercice.

Attention aux exercices violents, aux escaliers, aux courses rapides, aux randonnées trop longues, trop d'exercices peuvent nuire à sa santé.

Le chiot ne doit pas dépasser ses propres limites. Vous devez être très prudents pendant sa croissance car il développe son ossature et trop d'exercices peuvent engendrer des accidents.

Limitez vos balades à 5 minutes au début et augmentez progressivement. Ne pas dépasser 30 minutes par séance jusqu'à 8 mois (la croissance rapide se produit entre 2 et 8 mois). Ensuite, continuez très graduellement jusqu'à ses 2 ans.

C'est important de ne pas confondre vitesse et précipitation, dans l'éducation de votre chien.

Les chiots adorent jouer, mais ont besoin de beaucoup de siestes entre les jeux et les repas.

Ne faites pas jouer votre chiot/chien immédiatement après les repas il risque une torsion d'estomac qui est mortelle si elle n'est pas soignée immédiatement.

LA PROPRETÉ DU CHIOT

Pour votre chiot, la propreté signifie naturellement de ne pas faire sur les lieux de couchage et de nourriture. Le chiot doit donc comprendre la propreté autrement.

En général un Border Collie devient vite propre. C'est une race reconnue pour être facile à ce niveau. Pour faciliter l'apprentissage néanmoins vous devez respecter quelques règles.

Distribuez la nourriture à heure fixe et si possible pas le soir tard.

Laissez manger le Border Collie seul au calme et lui retirer sa gamelle vingt minutes après la lui avoir donnée. Qu'elle soit vide ou pas.

Toujours lui laisser de l'eau propre disponible.

Sachant que le chiot se soulage après l'ingestion de nourriture, sortez votre Border Collie juste après qu'il ait mangé, mais ne le faites pas courir.

Un chiot dort beaucoup, il va donc se reposer de nombreuses heures et souhaite se soulager presque automatiquement à son réveil. Sortez-le juste après le repos.

Un chiot de 8 semaines ne peut pas se retenir plus d'une heure ou 2 dans la journée, 3 ou

4 heures la nuit, donc soyez patients.

Vous pouvez compter les heures et sortir le chien. Je vous assure que cela fonctionne très bien avec le Border Collie, qui comprend très bien, et se règle comme une horloge.

Vous sortez le chien après les repas, après les siestes, après les séances de jeux, le soir avant le coucher et le matin dès que vous vous levez. Le Border Collie viendra vous alerter.

Il ne faudra pas attendre du Border Collie une réelle capacité à se retenir plusieurs heures avant l'âge de 6 mois.

Le chiot parfois va naturellement se soulager dans la maison, surtout ne le punissez pas. Mais n'ancrez pas ce mauvais comportement. Faite comme si de rien n'était.

Sortir le chiot souvent et dès son plus jeune âge est une évidence.

Au début choisissez de le conduire en laisse dans des endroits tranquilles et propres.

Les endroits bruyants, très fréquentés de gens et de congénères sont à proscrire.

Il est conseillé de sortir un Border Collie avant ses 3 mois. Le risque infectieux est minime. Par contre pour son éducation c'est génial. Il deviendra plus vite équilibré et capable de faire ses besoins en laisse où que vous alliez.

Et même si votre chiot dispose d'un jardin, cela ne dispense surtout pas de le sortir. C'est essentiel pour lui.

Enfin pas de fixation sur la propreté, elle viendra entre six et huit mois. En général six mois pour un Border Collie, mais le vôtre est peut-être en retard.

Tordons une fois de plus le cou à une idée répandue : on ne met pas le museau du chien dans sa merde ! c'est insensé. Vous n'aurez jamais un chien équilibré avec ce genre de méthode. À l'inverse le chien finira par devenir craintif, car la punition l'attend à tout bout de champ.

LA SOCIALISATION DU CHIOT

À partir de sa huitième semaine, le chiot peut de manière légale quitter l'endroit où il est né.

Il va falloir qu'il découvre sa nouvelle « maison » et poursuive l'apprentissage de la vie, de ce qui l'attend dans les mois et années à venir.

Des expériences nouvelles sont indispensables aux chiots pour acquérir un équilibre comportemental satisfaisant à l'âge adulte, cette confrontation avec le monde qui l'entoure devant se réaliser dans de bonnes conditions (absence d'éléments anxiogènes). Le Border Collie regorgera d'énergie, c'est un chien qui demande à courir, sa socialisation est indispensable, sinon vous courrez à la catastrophe.

Le chiot a grandi aux côtés de sa mère qui s'est occupée de lui inculquer quelques règles. Dans le meilleur des cas, il était aussi entouré de frères et sœurs avec lesquelles il a pu échanger, jouer et apprendre aussi le partage. S'il a vécu à la campagne et qu'il se retrouve en ville – ou inversement – cela constitue un premier grand changement dans sa vie.

De nouveaux bruits, puis un nouvel environnement, les premiers jours, cela fait beaucoup d'un seul coup ! C'est pour cela qu'il convient de l'accueillir avec un certain calme.

Le chiot doit une semaine après son arrivée être

manipulé régulièrement mais précautionneusement, et confronté en douceur et de manière progressive aux différents bruits de la vie courante, il sera plus rapidement à l'aise.

Ensuite, il devra être confronté aux bruits, de la télévision, de la radio, de l'aspirateur, du balai que l'on passe non loin de son museau, aux voisins dans l'escalier ou le jardin, aux visites d'amis.

Le chien vacciné, vous devez sortir le plus possible sans craindre pour sa santé. C'est essentiel.

Apprenez-lui progressivement à s'habituer à tous les bruits, à tous les lieux. Ces petites incursions alors qu'il est tout jeune lui éviteront de nombreux problèmes plus tard dans sa vie. Et surtout, surtout faites-lui croiser des gens. Arrêtez-vous, serrer des mains et habituez-le aux enfants de la rue qui veulent le complimenter.

Tordons le cou encore à une idée reçue, le chien ne devrait jamais être caressé par des étrangers, pour préserver son instinct de garde. Pas de chance c'est exactement l'inverse. Il faut le socialiser sinon ce ne sera pas un chien de garde qui sait analyser un danger mais un lion en cage prêt à bondir sur tout ce qui passe à sa portée.

Pour le Border Collie je vous invite, à le présenter à des enfants de tous les âges, s'il n'y en a pas dans la maison, trouvez-en. Par contre, il doit toujours y avoir un adulte qui supervise lorsque les enfants sont avec le chiot de manière à ce que les jeux ne deviennent pas trop houleux et que le chiot ait une expérience positive.

Pour le Border Collie je vous conseille que

plusieurs fois par semaine il rencontre d'autres chiens, c'est essentiel. Les chiens adultes font naturellement attention aux chiots, c'est leur nature.

Enfin apprenez à votre Border Collie à accepter d'être manipulé par d'autres que vous dès son plus jeune âge. Demandez à vos amis de procéder doucement à l'examen des oreilles, des yeux, de la queue, des gencives et des dents de votre chiot.

Donnez une petite récompense au chiot pour avoir permis ceci.

Plus il aura de contacts avec divers milieux et différentes personnes, moins votre chien sera craintif et plus il aura confiance en lui. N'arrêtez jamais de le socialiser, car à la phase d'adolescence (vers 8 mois), votre chien aura tendance à devenir craintif et à oublier tous ses acquis s'il n'a pas été assez en contact avec différentes choses et situations.

RÈGLES POUR L'ÉDUCATION

Il ne faut jamais toucher le chien pour le contraindre. Ce n'est pas une question de taille ou de poids mais de caractère. Un chien peut mal interpréter une action ou un ordre, où être un jour mal luné. J'entends par toucher, vouloir imposer à un chien une position. Évidemment vous pouvez le caresser, l'embrassez, mais pas le forcez à prendre une position. Ni vous, ni personne.

Nous n'utiliserons pas de collier électronique sauf cas particulier d'une éducation ciblée à partir de 18 mois par un éducateur breveté. Le collier étrangleur est inutile, l'apprentissage de la marche au pied est facilement acquis par un Border Collie. Vous ne corrigez pas un chien qui tire sur la laisse avec un collier étrangleur, c'est juste malsain et violent, vous devez dire « Non », et bloquer le chien. Dès l'apprentissage en longeant des murs, si le chien dépasse vous réalisez un mouvement pour l'empêcher de vous dépasser.

Nous utilisons le harnais de type professionnel si possible. Tout simplement c'est plus aisé pour le chien et moins dangereux pour son cou.

Il ne faut pas crier. Le chien perçoit les ultrasons, donc il vous entend même si vous parlez à voix basse. Surtout la modulation de voix est un outil pédagogique. Vous devez vous forcer à parler normalement. Dans l'extrême urgence nous utiliserons un ordre crié et ce sera l'objet d'une éducation.

Si vous gâchez toutes vos munitions maintenant vous serez désarmés en cas de besoin extrême. Alors je vous conseille de parler bas, de répéter en montant un peu le ton et pas plus. Évidemment le chien peut très bien ne pas obéir, voir se rebeller, mais nous avons d'autres tactiques, plus vous avez de cordes à votre arc mieux c'est, donc la voix ne suffit pas, il y a le geste associé au « Non », et il y a pire c'est de faire la tête et de détourner le regard et la tête. Je ne t'aime plus et je ne m'occupe plus de toi. Rappelez-vous je sanctionne sur l'action par un comportement proportionné et je lève la punition. Certains se disent que ce n'est pas possible, qu'il faut crier, punir en enfermant, mettre une sacrée raclée... le chien crie la caravane passe... Réussir l'éducation pour être en harmonie avec son chien ne passe pas par le traumatisme de la violence. Et si votre femme n'écoute pas, ou vos enfants, ou vos collaborateurs, ou vos amis. Évidemment ce n'est pas le chien. Excusez-moi.

Il existe, de bons et de mauvais éducateurs, d'excellents clubs et d'autres qui sont infectes. Tout d'abord ne vous engagez pas sans avoir au préalable participé à une journée portes ouvertes du club, et sans avoir suivi une leçon gratuite. Je vous invite à vérifier les diplômes des éducateurs.

Le chiot et le chien sont deux réalités différentes, et nous devons parler d'apprentissage pour le chiot et d'éducation pour le chien. Bannissez le mot dressage. Vous a-t-on dressés quand vous étiez enfants ?

Pendant le jeune âge, la psychologie du chiot est complètement différente. Le chiot réagit à des stimulations de façon différente du chien.

Il faut souligner que la construction mentale d'un jeune chien est comme une éponge prête à absorber des millions d'informations qui seraient difficilement reçues par un chien adulte.

Un chiot ne doit pas travailler plus d'une demi-heure jusqu'à six mois, ensuite la charge augmente.

Commencer l'éducation du chiot tôt. Mais respectez cette règle, il faut travailler souvent mais pas longtemps. Surtout le travail pour le chiot est basé sur le jeu et le plaisir.

Autrefois, on avait l'habitude d'attendre l'âge d'un an, pour commencer à éduquer son chien. Le bon âge pour apprendre est dès trois mois, même s'il faut adapter les programmes aux possibilités d'un esprit en plein développement.

Le jeune âge, chez le chien, est aussi celui de l'apprentissage des hiérarchies. L'avantage de l'éducation en club est que le chien est en contact avec d'autres congénères, c'est indispensable à sa socialisation.

Le chien doit savoir d'instinct qui commande, à qui il peut se fier, qui il peut suivre et avec qui il peut tout simplement jouer. Il est préférable de passer par un club, ainsi le chien partagera avec d'autres chiens et vous avec d'autres maîtres ou maîtresses.

Vous avez choisi un Border Collie et un club. Vous allez devoir encore vous investir. N'allez donc pas apprendre des techniques de travail à l'école du chiot pour en utiliser d'autres à la maison. Le travail d'éducation doit être de nature physique et intellectuelle.

Personnellement je considère qu'il doit être d'abord intellectuel. Un chien peut apprendre jusqu'à cent cinquante comportements. Je ne dis pas mot, car cela ne veut rien dire, c'est bien le comportement associé au mot qui est important.

Les gestes pour éduquer son chiot ne doivent pas être brusques, pour ne pas prêter à confusion et ne pas faire peur au chiot. Pas de cri, ne pas contraindre le chiot en le touchant, et pas de grands gestes.

Le contact avec l'animal obéit à certaines règles. Des gestes de félicitations trop amples accompagnés de cris de joie peuvent provoquer chez l'animal une peur telle qu'il n'est pas près de recommencer ce qu'il vient de faire, même si vous en étiez très satisfaits.

Aussi vous devez dès le début savoir moduler votre ton de voix, je me répète vous devez apprendre à utiliser votre voix. La première règle avec un chiot est de récompenser un comportement attendu, et de faire comme si de rien n'était avec un comportement inadapté.

Un mot doit induire un comportement pour le chien. Il faut faire apprendre, faire répéter, puis faire associer le comportement.

L'apprentissage se fait en utilisant le jeu et la friandise. La répétition se fait un utilisant le jeu. L'association va permettre au chien d'intégrer des enchaînements de comportements, la félicitation doit être le partage de la joie du maître et du chien.

LA CONFIRMATION AU TRAVAIL

Le Border Collie a été sélectionné au départ par des bergers pour des bergers et ce sont eux qui se sont chargés d'éliminer des chiens qui ne les aidaient pas dans leur travail et de faire reproduire ceux qui leur étaient utiles.

Dans certains pays, les Bordes Collies reçoivent des injections de sang de lévrier pour améliorer la vitesse. Je m'élève contre cette pratique.

Gardons, en France, notre confirmation au travail quoi qu'il arrive, c'est la garantie contre ce genre de pratique.

La confirmation au travail d'un Border Collie débute par un examen physique du chien au piquet, le maître est à plus de 20 mètres.

L'examinateur s'approche du chien pour le toucher. Le chien est content ou indifférent il obtiendra 5 points, s'il est méfiant, réservé il obtiendra 3 points, si le chien recule, ou cherche à fuir il obtiendra 1 point. Si le chien cherche à mordre, il obtiendra 0 point.

Ensuite, l'examinateur prend le chien en laisse. Si le chien marche à côté c'est 5 points, si le chien va et vient et regarde il n'obtiendra que 4 points. Si le chien se tient tire il aura que 3 points. Si le chien se tient derrière et tire il obtiendra 1 point.

Ensuite, l'examinateur manipulera le chien. Si le

chien se laisse manipuler sans réserve, ce sera 5 points. Si le chien est méfiant et inquiet ce ne sera que 3 points. Si le chien refuse la manipulation ; ce sera la fin du test

L'examinateur vérifiera la conformité au standard de la race (taille, poids, couleur, poil... ex.).

Puis débutera l'examen au troupeau. Le test s'effectuera sur un lot important d'ovins (+ de 30 brebis) avec 5 ou 6 génisses

Le premier test est réalisé en l'absence du maître, et doit permettre de vérifier si le chien a un intérêt pour le troupeau et une motivation suffisamment forte malgré la non-participation de son maître. L'attitude du chien est jugée à chacune des 4 phases.

L'examinateur s'approche des animaux avec le chien en laisse à environ 20 m, puis fait un tour autour du cercle d'ovins. Si le chien marche au pied en fixant les animaux ce sera 5 points. Si le chien tire en avant ce ne sera que 4 points.si le chien suit l'examinateur sans regarder les animaux ce sera 1 point. Si le chien tire en arrière, ou cherche à fuir ce sera 0 point.

Ensuite, le chien est lâché à une distance de 20 m des animaux qui sont en cercle. Le chien part aux animaux et se positionne ce sera 5 points. Le chien part et encercle ce ne sera que 4 points, si le chien part et se bloque ce ne sera que 3 points ; si le chien reste aux pieds et fixe les animaux ce ne sera qu'un point, si le chien est indifférent ce sera 0 point.

L'examinateur rejoint le troupeau et fait bouger les brebis. Le chien cherche surtout à se positionner à midi il aura 5 points, le chien cherche surtout à encercler il aura 4 points, le chien bouge avec les brebis, mais sans se positionner il aura 3 points. Le chien bouge peu ou pas, mais fixe les animaux passifs ce sera 0 point.

D'autres tests sont réalisés, port de queue, aboiement, passage entre les pattes des ovins en milieu confiné. Je vous invite à demander à l'association car pour ces tests sont variables en fonction des examinateurs.

Souvent les tests sont réalisés en campagne chez un paysan coopératif.

L'ÉDUCATION DE BASE

Marche aux pieds avec la laisse

Quand un chien tire sur sa laisse, il se met aux avant-postes pour renifler un emplacement particulièrement apprécié, rejoindre un camarade de jeu, faire en fait quelque chose à sa convenance. Pour le Border Collie l'idée sous-jacente c'est de partir courir après une proie, de tirer jusqu'à ce que vous cédiez.

Le maître doit poliment refuser. Sinon tirer sur la laisse est récompensé par la réalisation de l'objectif. Votre rôle sera de ne pas céder, au contraire, soyez fermes pour que votre compagnon marche au pied avec la laisse.

Si votre Border Collie tire trop, il faut vous arrêtez, puis attendre un peu. S' le Border Collie cède, et n'est plus intéressé, continuez votre promenade et vous félicitez.

Lorsque vous constatez que vous êtes proche d'une situation où vous ne pourrez plus contrôler le Border Collie, il est toujours préférable de modifier votre chemin. Par exemple si vous passez à côté d'un champ de chevaux, d'un jardin où il y a un autre chien...

Si vous ne pouvez rien faire d'autre, donner rapidement un peu de mou à la laisse puis tendez-la.

Il n'est pas souhaitable de bloquer le chien avec sa jambe pour l'obliger à être à bonne hauteur.

Chez le Border Collie, il est plus judicieux de changer de direction dès qu'il tire. Si le chien essaie vous dépasser, marcher en changeant la direction et à votre rythme.

En règle générale, avec un Border Collie la répétition est toujours payante. Il faut sortir dès ses quatre mois, trois fois par jour pendant dix minutes.

Il existe des accessoires vous aidant à faire marcher le chien au pied je me suis toujours refusé à les utiliser. J'évite le harnais et les colliers étrangleur ou électronique. On parle de Border Collie pas de faire marcher en laisse un Cane Corso ou un Doberman. Et encore…

Assis, couché, debout

Une friandise aide à apprendre au Border Collie à s'asseoir, à se coucher et à se mettre debout.

Au début, vous dites l'ordre quand le Border Collie entame la position souhaitée puis vous faites un geste adéquat (par exemple main vers le haut pour le debout, vers le bas pour le coucher et horizontale pour le assis), enfin vous associez un son au clicker (par exemple, un coup pour le assis, deux coups pour le coucher, un coup très long pour le debout). Vous terminez chaque exercice avec un signal de fin de cours (par exemple : va jouer).

Travailler l'ordre « assis » : prenez une friandise dans la main et tenez-la de manière à ce que le chien puisse la sentir et la lécher, mais pas la manger. Vous allez doucement déplacer la friandise de son museau vers le dessus de sa tête. Le chien va alors commencer à s'asseoir pour être plus à l'aise et suivre la friandise des yeux. Maintenant vous enchaînez l'ordre, le geste et le son. Dès que l'arrière-train touche le sol, donnez la friandise. Je déconseille, mais c'est possible d'apprendre d'abord avec l'ordre, puis avec l'ordre et le geste, puis avec l'ordre, le geste et le son. C'est moins bien pour le conditionnement. Avec un Border Collie, il est impératif de travailler avec les trois systèmes de reconnaissance de la position. La répétition fera que le chien hésitera à désobéir à l'appel de l'ordre, et il désobéira encore moins que ce sera accentué par deux autres signaux. En plus avec trois signaux différents vous éviterez la confusion, ce qui est essentiel pour un « stop » ou un « au pied ».

Travailler l'ordre « couché » : Il ne faut pas travailler à partir de la position assise, c'est une hérésie qui gênera le conditionnement. Vous déplacez une friandise en partant devant le museau du chien et en allant vers le sol. Le Border Collie suivra votre mouvement. Vous devez uniquement lui donner la friandise quand il est couché. Vous pouvez placer une friandise sous une chaise ou une table suffisamment basse pour que le chien se couche pour manger la friandise. Souvenez-vous de ne donner uniquement l'ordre que lorsque le Border Collie s'apprête à prendre la position souhaitée.

Travailler l'ordre « debout » : le Border Collie est au coucher, vous tenez une friandise devant le museau et vous éloignez lentement votre main en suivant une ligne parallèle au sol et dès que le chien lève les pattes arrière pour se mettre debout vous offrez la friandise.

Pas bougé : Mettez le Border Collie au « assis », tenez une friandise en mains, attendez dès que le chien commence à bouger donnez l'ordre « pas bougé » et offrez la friandise.

Au fil du temps, votre chien gagnera en assurance et respectera de plus en plus longtemps la position « pas bougé ». Vous devrez alors faire l'exercice en vous éloignant progressivement de votre Border Collie. Commencez par vous éloigner d'un mètre, puis vous donnez l'ordre et vous récompenser. Avant d'augmenter la distance il faut vous assurez que le chien ne bouge pas sur l'exercice. Il ne faut pas chercher l'échec, il faut patiemment ancrer les distances pour en faire accepter de nouvelles.

Le travail à distance sur les positions de base : Le chien doit apprendre que l'ordre « assis », « couché » ou « debout » ne signifie pas qu'il doit prendre la position demandée en étant près de vous, mais il doit prendre la position là où il se trouve et au moment où vous la demandez. L'importance de la coordination mot, geste et son prend alors toute son importance.

Attachez votre Border Collie à un arbre et éloignez-vous de 2 m. Donner l'ordre « Assis ». Rejoignez le chien et récompensez-le. Au futur et à mesure vous augmenterez progressivement la distance séparant du chien. Si besoin vous repartez de la distance précédente. Avant d'augmenter la distance il faut vous assurez que le chien ne bouge pas sur l'exercice. Il ne faut pas chercher l'échec, il faut patiemment ancrer les distances pour en faire accepter de nouvelles. Maintenant vous recommencez le travail avec le chien sans laisse (attention il faut être en endroit clos, surtout avec un Border Collie).

Dans le travail à distance sur les positions de base, nous incluons l'arrêt sans laisse. Vous marchez, et vous demandez à votre Border Collie l'ordre « assis » suivi de l'ordre « pas bougé », vous faites deux pas et vous donnez l'ordre « au pied ». Au futur et à mesure vous augmenterez progressivement la distance. Dans un deuxième exercice, vous demander à votre chien de rester « debout » et vous continuez à marcher en rajoutant l'ordre « pas bouger ». N'oubliez jamais de féliciter et de récompenser. Au fur et à mesure des exercices il n'y aura que la félicitation, la récompense sera donnée en fin de séance.

Au pied : L'ordre « au pied » est essentiel, il a déjà été travaillé juste avant mais nous allons l'ancrer. Dans de nombreuses situations lorsque vous vous promenez avec un Border Collie en liberté : il s'agira de rappeler le chien mais aussi de l'habituer à marcher au pied près de vous. Bien que, dans de nombreux sports canins ils vous obligent à faire marcher le chien côté gauche, il est très utile de lui apprendre aussi à marcher côté droit, notamment s'il doit marcher en ville afin que le chien ne soit jamais côté rue mais toujours côté intérieur (vers les boutiques et maisons).

Vous débutez avec une marche aux pieds avec laisse et vous décrochez la laisse en laissant une main sur le dos du chien. Prenez la récompense dans la main du même côté que le chien et avancé.

Ensuite offrez la friandise. Maintenant vous donnez l'ordre « marche au pied », le chien suit à vos pieds. Vous donnez la friandise tous les dix mètres, puis vous espacez les dons de friandises. Vous devrez augmenter progressivement la durée pendant laquelle le chien marche à vos côtés sans laisse pour que le chien reste concentré donnez l'ordre « au pied » régulièrement.

Faites preuve de patience, il faut absolument obtenir la collaboration de l'animal. Si vous réalisez cet exercice avec la laisse il y a de fortes chances pour que vous ne puissiez jamais le réaliser le chien en liberté sans laisse.

L'ordre « au pied », doit se travailler lors de toutes les sorties. Dès le départ de votre balade, lorsque vous décidez d'enlever la laisse, vous demanderez plusieurs fois l'ordre « au pied ». La récompense sera de pouvoir laisser le chien se balader un moment librement. Bien entendu, le chien doit rester sous votre contrôle notamment s'il y a un manque de visibilité, s'il y a le moindre risque et si vous croisez d'autres promeneurs avec ou sans chien. La règle est de mettre votre chien en laisse dès que vous faites un croisement avec d'autres personnes avec ou sans chien. Si le chien déroge à la règle de rappel au pied il doit être immédiatement en laisse pour une période d'au moins de 10 minutes. Au bout de cette période vous refaites un test, si le chien déroge à la règle du rappel au pied, le reste de la balade se fera en laisse.

L'ordre non : « Non » est un ordre signifiant « tu peux abandonner tout de suite, je te l'interdis ».

Une éducation digne de ce nom et qui vise à avoir un chien de compagnie facile à vivre suppose que vous consacriez du temps à cet ordre. Bien entendu, vous pouvez choisir un autre mot que « non », l'important sera d'y associer un geste et un signal sonore. Pour le geste et le signal sonore faite très attention à éviter toute confusion involontaire avec un autre ordre.

Pour le premier exercice munissez-vous d'une récompense, tenez votre chien en laisse, placer la récompense de manière à ce que l'animal puisse la voir et la sentir, mais pas l'atteindre. Au moment où le chien tire sur la laisse pour tenter d'attraper la récompense, vous donnez l'ordre « non », une seule fois. Ensuite, vous restez silencieux. À cet instant le chien va-t-il essayer, de désobéir ? Vous devez alors absolument rester sur place et ne pas cédez il faut rester silencieux et détourner le regard. Le chien doit avoir l'envie de désobéir, plus la tentation augmente plus l'exercice est intéressant, il va céder, il tire très fort, rien ne doit changer à la situation, continuez à vous taire. Vous devez répéter l'ordre « non » au bout d'une minute. Puis vous augmenterez le temps.

Pendant vos promenades, vous devez régulièrement en fonction de l'attitude du chien vérifier la compréhension de l'ordre « non ».

Lors de son éducation, l'ordre « non » indique au chien l'interdiction. Il y a des interdictions directes et des interdictions qui doivent être intégrées par le chien même sans votre présence, notamment le refus d'appât, ne pas se jeter sur le grillage quand il y a un passant, c'est très dur pour un Border Collie.

Sur le chemin de la promenade, vous placez avant la balade de la nourriture sous une pierre ou un morceau de bois de façon à ce qu'elle soit à portée de l'animal, laisser chien gambader il découvrira la nourriture cachée. À cet instant vous utiliserez l'ordre « non ». Au plus vous entraînerez le chien au mieux il réagira au signal de l'ordre « non ».

Soyez néanmoins attentifs : de ne pas utiliser le signal s'il est déjà trop tard et que le chien a touché à la nourriture, dans ce cas réprimandé par la voix de façon ferme et nette « mauvais chien », mettez-le en laisse et ne parlez plus au chien pendant dix minutes.

L'ordre donne : Apprendre à un Border Collie à donner un objet sur votre ordre s'avérera utile et indispensable en cas d'urgence. Des exercices basés sur l'échange constituent le fondement de cet exercice, évitant ainsi tout esprit d'obligations. Pour le réaliser, vous avez besoin d'haltères en bois, d'une part parce que c'est l'objet utilisé en sport canin d'autre part par ce que le chien ne peut pas avaler ce type d'objets. Au départ de l'apprentissage vous utiliserez une balle ajourée dans laquelle vous glisserez une friandise. Vous lancez la balle, le chien va la cherchez, il ne peut pas seul prendre la friandise, il vous ramène la balle, vous donnez l'ordre « donne » et vous lui offrez la friandise. Si le chien est à l'écoute et a déjà une bonne éducation il réagira favorablement. Dans le cas vous passerez aux haltères. Le chien sait, surtout un Border Collie, que s'il ramène il a une friandise. Néanmoins mettez un peu d'huile de saumon sur les haltères, c'est bon pour l'appétence.

Si un exercice dure trop longtemps le chien perdra son attention. Il finira très rapidement par ne plus vouloir faire l'exercice. Le plus important sera de ne pas brûler les étapes, de faire l'exercice une ou deux fois. Il faudra résister à la tentation d'utiliser le signal « donne ». Si le border collie n'est pas prêt à donner, ne mettez pas en péril la réussite de son éducation.

Le rappel : Un chien sur ordre qui fait demi-tour sans hésitation alors qu'il est fortement distrait par l'environnement et qui revient rapidement vers son maître sont les signes d'un excellent rappel. C'est seulement dans ces conditions que vous pourrez lâcher votre chien. Le principe fondamental du rappel est au début de ne rappeler le chien que si vous êtes sûr qu'il viendra. Pour obtenir ce résultat avec un Border Collie, il faut commencer par apprendre l'ordre « au pied » associez à un signal de la main et à un son, tout de suite parés une mise au libre, et le chien à moins de 2 m de vous. Le rappel ne doit laisser aucune place à une prise de décision, il doit induire uniquement une réaction. Il ne faut pas vous attarder sur le fait de savoir si votre chien va obéir. Vous devez répéter chaque jour, et savoir que ce n'est jamais acquis. En ballade, vous devez tester, c'est positif tout va bien, c'est négatif vous mettez le chien laisse. Un Border Collie découvrira vite le code : la liberté est en échange du rappel immédiat.

Le secret du rappel est d'être de travailler quotidiennement et d'avoir trois signaux à sa disposition (par exemple un coup de sifflet, et la main à la verticale). Votre chien devra savoir clairement ce que signifie l'ordre « au pied ».

L'ordre stop : « stop », et l'ordre « au pied doivent être d'abord travaillées séparément. L'ordre au pied concerne le rappel. L'ordre stop est une demande d'arrêt immédiat en cas d'urgence avec l'arrêt du chien à l'endroit où il se trouve. L'ordre « stop » doit être travaillé après la maîtrise de l'ordre « au pied ». Lors d'une promenade, vous changez de direction et vous observez votre chien du coin de l'œil et vous donnez l'ordre « stop ».

Vous venez de mettre en place une véritable éducation qui plaira énormément aux Border Collie qui aiment se dépenser et aussi travailler. Le rappel et le stop doivent être travaillés à chaque sortie et plusieurs fois lors de la sortie. Au fur et à mesure vous vous apercevrez que le chien revient comme un éclair, il est entré dans le jeu, à ce moment-là il faudra fortement le récompenser, vous avez gagné le lien est de confiance est total.

Le risque zéro n'existe pas, il y aura toujours quelques désobéissances, même pour un chien comme le vôtre qui est au TOP.

Les promenades avec votre compagnon vous donnent régulièrement l'occasion de rencontrer d'autres chiens. Le bon déroulement de ces rencontres dépend du niveau de socialisation du chien rencontré et de la considération de son maître. Si une personne accompagnée d'un chien non tenu en laisse vient à votre rencontre de manière détendue, mettez votre chien « au pied ». Si la personne en face ne semble pas détendue, si l'autre chien est tenu en laisse, si c'est une race dite molossoïde, mettez votre Border Collie en laisse et écartez-vous.

Lorsque des chiens se rencontrent, le meilleur moyen de désamorcer une situation tendue consiste à poursuivre sa route rapidement et de manière décontractée. Si vous restez sur place, vous favorisez le début d'une dispute toujours possible. Si les chiens en arrivent à cette extrémité, les deux propriétaires doivent s'éloigner l'un de l'autre dans des directions opposées ; il s'agit de la méthode la plus facile pour mettre un terme à l'agressivité. Cette option n'est possible que lorsque les deux propriétaires sont conscients de l'obéissance de leurs animaux.

Sachez que dans le cas d'une rencontre occasionnelle, vous devez rappeler immédiatement votre chien à vous.

Une règle absolue et qu'un chien qui en brime un autre est immédiatement stoppé par son maître qui s'excuse d'un ton amical et courtois.

L'ACTIVITÉ

Vous devez canaliser votre Border Collie en lui proposant de l'activité partagée, c'est ainsi qu'il trouvera la plénitude de son équilibre ».

La première activité reste « le troupeau ». La faculté unique du Border Collie à provoquer la réaction des animaux à distance résulte de 3 qualités qui lui sont propres : l'œil, la puissance et la possession. « L'œil » est en fait le « pouvoir de l'œil ». Le border utilise le regard « puissance de l'œil » pour placer les animaux sous son contrôle en se concentrant sur eux, et en les fixant. Par son regard le Border Collie exercera une influence sur le troupeau. La distance minimum nécessaire entre le chien et les animaux pour les faire réagir augmente proportionnellement à la puissance du regard. Le Border sait imposer le respect mais jamais la crainte aux ovins. Comme toute activité, il faudra suivre des formations si possible avant même de choisir son chien.

Si vous n'avez pas de troupeau, le meilleur moyen est de le faire participer au CANT (Certificat d'Aptitude au Travail sur Troupeau). Le club de race organise des manifestations.

L'Agility est une discipline sportive qui consiste à faire évoluer son chien sans laisse ni collier sur un parcours composé de multiples obstacles divers en respectant un ordre de passage défini, et ce en un temps déterminé. Haie, slalom, mur, tunnel sont disposés de manière à former un parcours modulable selon le degré de difficulté. Il faut un excellent équilibre psychique pour faire de l'Agility. Il faudra faire découvrir cette activité à votre chien. Mais attention, il faut être prudent pour l'ossature et veiller aux risques de blessures. Il est inadmissible de surentraîner des chiens à l'Agility, car c'est sources à terme de problèmes articulaires. La compétition doit s'envisager sans recourir au sur entraînement.

La promenade quotidienne est un bienfait physique et psychique. Vous placez de petits moments de jeux et d'éducation pendant la promenade et ce sera parfait. Certains chiens ont la joie de faire de temps en temps des balades libres – sans laisse – dans les bois, les champs ou sur la plage.

Pour le Canicross les propriétaires, sortent les chiens en laisse. Les chiens doivent marcher à la vitesse de leur compagnon humain, soit entre 3 et 6 kilomètres par heure. Cette vitesse de marche est adéquate pour un petit chien, mais pas pour un Border Collie qui marche à plus de 6 kilomètres par heure. Le chien a plus de plaisir à trotter qu'à marcher : pour lui, marcher à la vitesse de son propriétaire est un effort de lenteur.

Pensez à faire du Trekking. Au-delà de la promenade journalière, il y a le grand bonheur de partir plusieurs jours en randonnée. Quand la promenade se fait sur plusieurs jours, ponctuée de bivouacs, on l'appelle trekking. Le chien accompagne son maître, il porte son propre bagage. Un chien promené tous les jours, pourra sans difficulté avancer plusieurs heures par jour, plusieurs jours de suite. Si vous partez plusieurs jours, avec votre équipement, entraînez votre chien à emporter son propre nécessaire (nourriture, boisson, gamelle) dans un sac à dos adapté, cela vous soulagera. Le trekking est une activité de week-end et de vacances. Attention à la cadence le chien devra pourvoir prendre d'autres allures que la vôtre !

Pensez canicross. Il est plus peinard pour le propriétaire de rouler à vélo tout en faisant courir son chien. Bon, c'est ma méthode, et je suis un fainéant. Ne roulez pas à vélo en tenant votre chien en laisse à la main. Au moindre écart, vous allez vous retrouver le nez sur le bitume. On vend des équipements permettant de fixer la laisse du chien à un système d'attache à l'arrière du vélo. Par expérience il faut entraîner le chien progressivement. Il doit parfaitement comprendre à droite, à gauche, stop...

Pensez au flyball. C'est une course de relais mettant en compétition deux équipes de 4 chiens (ou plus) sur des parcours parallèles. Les chiens doivent courir et sauter 4 haies séparées de 3 mètres, atteindre une boîte, pousser sur un levier, déclencher l'éjection d'une balle à 60 cm de hauteur, la capturer et la ramener au point de départ, sans la lâcher, en passant à nouveau au-dessus des haies.

Penser à faire sauter votre chien, ce qui permet de muscler les fessiers, ce qui entraîne une meilleure coaptation de la hanche, et réduit donc le développement de l'arthrose. Sauter est donc bénéfique pour les hanches, mais plus traumatique pour les membres antérieurs et, donc, à éviter pour les chiens avant 18 mois ou qui souffrent de dysplasie du coude et d'ostéochondrite disséquante des épaules. Et encore une fois pas de surentraînement en Agility.

Pensez au Dock Jumping. Il s'agit d'un concours de saut en longueur : le chien saute d'une plateforme dans l'eau. La distance sautée est mesurée depuis la fin de la plateforme jusqu'à la base de la queue du chien au moment où il tombe dans l'eau. Le record du monde actuel est de 8,80 mètres.

Pensez aux courses après des leurres. Les chiens galopent à la poursuite d'un leurre sur un circuit approprié (cynodrome).

Pensez au coursing, qui est une course en ligne droite, dans la nature. Les chiens partent dans des boîtes de départ.

Pensez au doxotraining, qui est une course en zigzag, dans la nature pour les chiens d'utilisation.

Pensez à la nage. Les chiens se débrouillent bien en milieu aquatique, et nager est une activité fatigante.

Il ne suffit pas de faire courir votre chien pour qu'ils soient heureux, il lui faut des activités variées et nouvelles. Dans toutes les disciplines que l'on peut pratiquer avec un Border Collie, il convient de veiller à ne pas dépasser l'endurance de son chien : le côté volontaire peut conduire à l'épuisement total de l'animal, car il ne sait pas toujours s'arrêter : tant qu'il y a du travail, il y va.

L'HYGIÈNE DU CHIEN

Tous les bons chiens ne sont pas forcément en bonne santé. Avant tout achat, il est important de s'assurer de la qualité des reproducteurs au niveau des tares génétiques au moyen des résultats d'examens officiels et à jour, notamment des tests ADN.

La Dysplasie de la hanche est une affection de l'articulation entre le bassin et le fémur provoquant une usure prématurée de la tête du fémur et par conséquent des problèmes de locomotion. Un examen radiologique répondant à un protocole précis doit être effectué dès l'âge d'un an aux parents de votre futur Border Collie.

L'Atrophie Progressive de la Rétine (APR) est une maladie oculaire survenant après l'âge de 2 ans et conduisant à la cécité totale entre 4 et 9 ans. Un ERG effectué à l'âge de 2 ans n'est pas une "garantie absolue mais est un gage que vous devez exiger des éleveurs. Des recherches sont en cours dans le but de mettre au point un test génétique (ADN) le plus rapidement possible.

L'AOC (Anomalie de l'Œil du Colley) est une maladie héréditaire et congénitale qui peut sous une forme grave affecter la vision. Très nettement moins répandue chez le Border que l'APR, elle peut être dépistée dès 6 semaines et n'est pas évolutive. Il faudra demander les résultats du dépistage à l'éleveur.

Les oreilles : vérifiez régulièrement la propreté des oreilles de votre chien. En cas de besoin il faut les nettoyer avec une lotion adaptée (vous les trouverez chez votre vétérinaire, en pharmacie ou en animalerie) en utilisant une "lingette" ou du coton. N'utilisez jamais de coton-tige, vous pourriez blesser votre chien en cas de mouvement brusque de sa part et de toute façon vous ne feriez que tasser les saletés dans le fond du conduit.

Les yeux : nettoyez-les régulièrement avec une lotion spéciale. Tout écoulement anormal doit être immédiatement signalé à votre vétérinaire.

Les dents : surveillez attentivement l'état d'entartrage des dents. Le tartre est responsable de problèmes graves tels que le déchaussement précoce, la mauvaise haleine, les abcès dentaires...

Pendant la croissance de votre chien vérifiez régulièrement sa dentition : ses dents de lait vont tomber lorsqu'il aura environ 4 mois. Cela peut passer de façon inaperçue car il va en avaler une grosse partie. En cas de doute sur le changement de dents de votre chiot, demandez conseil à votre vétérinaire.

Les griffes : en principe elles doivent s'user régulièrement avec la marche sur sol dur.

Bain : vous pouvez baigner votre chiot 8 jours après le premier rappel de vaccins. Utilisez toujours un shampooing spécial chien (animalerie et pharmacie) et prenez soin de bien le sécher après (attention au sèche-cheveux qui peut lui brûler la peau si vous le mettez trop près), idéalement, l'eau du bain doit être tiède. N'abusez pas des bains.

Beaucoup de gens pensent que les Borders

Collies sont plus sujets que d'autres à la dysplasie de la hanche. En réalité cette malformation génétique peut toucher presque tous les chiens de taille moyenne ou de grande taille. Les Clubs ont été les premiers à lancer l'alarme : cela a provoqué une panique.

Même si la veille a été lancée grâce à eux, encore une fois elle concerne tous les chiens de grandes de tailles. La dysplasie de la hanche est une malformation ou déformation résultant d'une anomalie du développement d'un tissu ou d'un organe.

Aujourd'hui, les meilleurs éleveurs n'utilisent pour la reproduction que des sujets non touchés par la dysplasie et classé A pour la reproduction. Des radios sont réalisées sur les reproducteurs en âge adulte pour faire de la prévention. Le chien ne sera pas reproducteur s'il en est atteint. De même s'il y a un risque de tare oculaire.

Il existe un syndrome de dilatation torsion gastrique auquel vous devez faire attention. C'est le retournement de l'estomac. Il arrive si le chien se met à l'effort après avoir mangé. Je ne suis pas un fan de la nourriture en fin de journée, avant de dormir. Mais c'est une solution.

Je nourris mes chiens, en début de matinée et j'attends la digestion.

Pensez à administrer un traitement anti-puces et tiques pendant les saisons chaudes ainsi qu'un vermifuge deux fois par an et ne pas oublier la visite annuelle chez le vétérinaire pour son rappel de vaccin.

Attention le carnet de santé et le suivi médical

sont obligatoires. En fonction des régions et des risques votre vétérinaire vous conseillera, d'autres vaccins peuvent s'avérer nécessaires ainsi que d'autres protections en fonction des régions.

Une alimentation sous forme de croquettes de bonne qualité est recommandée afin de respecter les besoins nutritionnels du chien. Si possible faites confiance à votre vétérinaire car une bonne alimentation est indispensable.

Pour prendre soin de votre chien, il faut vous équiper avec : ciseaux, pince à épiler, seringue anti-venin, coupe griffe, attelle, canne télescopique. Attention, vous n'êtes pas vétérinaires. Il est utile de prévoir quelques médicaments chez soi et en déplacement pour assurer soins et gestes de première urgence.

Il faut : des compresses, du désinfectant, du sparadrap, des bandes, du savon de Marseille, un sérum physiologique pour les yeux, une crème antibiotique pour les plaies, de l'éther pour les tiques, un pansement intestinal pour les diarrhées. Vous faites de la randonnée, vous partez sur une nationale, organisée par la SCC ou par votre club. Vous voyagez en camping-car. Vous partez dans un gîte isolé. Alors vous devez rajouter : une boîte d'antibiotiques pour éviter les allergies, un anti-vomitif, une protection contre les puces, un vermifuge, une crème contre la maladie de la gale pour les oreilles et une crème anti-aoûtats.

Vous pouvez également constituer une pharmacie médicale en cas de troubles légers ou pour prendre les premières mesures d'urgence sachant qu'il vous faut consulter pour des symptômes qui durent. Voici les produits en fonction des différentes affections.

Pour les problèmes de peau il y a les antiseptiques représentés par l'alcool, la Bétadine, l'alcool iodé, le bleu de méthylène, l'eau oxygénée, l'éther ou la solution de Dakin. Attention, ces produits sont souvent irritants en solution pure. La dilution dépend du produit et de son utilisation ponctuelle. Le savon de Marseille est l'antiseptique le plus simple qui, utilisé correctement, est très efficace pour la désinfection des plaies diverses.

Une plaie infectée doit être savonnée, rincée à grande eau. On applique ensuite des antiseptiques, de l'alcool ou de la teinture d'iode. L'eau oxygénée est très utile pour rendre une plaie propre. Elle permet, en effet, d'ôter toutes les traces de sang. Les sprays antibiotiques s'utilisent pour éviter les infections locales.

Pour tous les autres problèmes de peau, il vous faudra un produit contre la gale à base de Lindane, un produit antimycosique pour la teigne en spray et en comprimés. Une lotion anti-inflammatoire vous permettra de lutter contre les allergies et eczémas divers.

Pour les troubles digestifs sachez que la diarrhée est fréquente chez les chiens. Il est indispensable que votre pharmacie comporte un pansement gastrique sous forme de poudre ou de gel. Un antispasmodique pour lutter contre les mouvements de l'intestin. Un antibiotique agissant sur les germes digestifs. Pour la constipation, de l'huile de paraffine sera parfaite.

Pour les infections les antibiotiques sont

obligatoires pour pallier toute infection. Attention, une ordonnance doit toujours les accompagner. Concertez-vous avec votre vétérinaire en lui expliquant que vous vous déplacez souvent même le week-end et qu'il n'est pas aisé de trouver des urgences pour chien un dimanche après-midi à Aubigny-sur-Nère par exemple.

Vous déterminerez avec votre vétérinaire la liste d'antibiotiques en fonction de votre chien.

Il est essentiel de choisir un bon élevage, qui évite les croisements consanguins et pratique une sélection rigoureuse des reproducteurs et qui vous fournira les conclusions des radios des hanches des reproducteurs.

À TABLE

Comme tous les grands sportifs, le Border Collie a besoin d'une alimentation adaptée. En période d'entraînement et de concours, le chien doit bénéficier d'apports plus importants en protéines et en glucides. Les premières permettent de fournir des efforts importants, les secondes favorisent la pratique de l'exercice sur la durée.

En dehors des périodes d'activité, le chien peut être nourri avec une alimentation industrielle, sèche ou humide. Un grand bol d'eau fraîche doit rester en permanence à sa disposition.

Son alimentation devra être de bonne qualité, hautement digestible et distribuée si possible en deux fractions. Comme tous les grands chiens, le Border Collie peut être sujet aux torsions-dilatations d'estomac, il faut donc éviter les rations trop importantes et les efforts ou coup de stress juste avant ou après un repas.

Pour le chien de travail, il faudra porter une attention particulière à ses articulations. Un bon échauffement est indispensable avant la pratique d'un sport. Volontaire et énergique, il a du mal à s'économiser lui-même, il faut donc le faire à sa place. C'est d'autant plus important durant sa croissance où il faudra éviter les excès d'activités.

Privilégié la qualité de nourriture c'est profiter d'un chien en bonne santé.

Vous devez nourrir votre chiot au début 2 fois par jour. Si le repas n'est pas consommé en vingt minutes, retirer la gamelle et refuser le grignotage entre les repas.

Ne tolérez jamais le museau du chien à hauteur de votre assiette (hygiène) ni le vol de nourriture sur la table : sanctionner si on prend le chien sur le fait en lui parlant sur un ton ferme « NON ».

Beaucoup de chiens manifestent des problèmes récurrents d'embonpoint. Il est essentiel d'adapter un régime alimentaire aux habitudes de vie. J'ai quatre chiens et j'avoue que j'ai quatre types de croquettes et deux fois semaines je donne du frais maison. Mais cela est personnel.

L'alimentation industrielle met à la disposition des possesseurs de chiens des spécialités adaptées au poids, à la taille et à l'âge du chien. Elle propose également des aliments correspondant au niveau d'activité physique de chaque chien et à son état de santé.

La ration du chien doit être distribuée aux mêmes heures et au même endroit en le faisant manger seul dans un lieu isolé et calme de la maison, et toujours après ses maîtres.

L'eau est très importante, elle doit toujours être disponible. En cas de consommation excessive il faut consulter son vétérinaire.

Il existe principalement trois types d'alimentations, l'alimentation industrielle sèche, l'alimentation industrielle humide et l'alimentation "maison". Nous allons vous décrire ces alimentations en exposant leurs avantages et leurs faiblesses.

Sachez toutefois qu'il n'est pas recommandé de changer brutalement la nourriture d'un chien.

Il est convenu de l'habituer sous une période de 8 jours en mélangeant les deux types d'aliments.

On appelle alimentation industrielle sèche, l'alimentation à base de croquettes. La croquette est une boulette de pâte, de riz, de viande, de poisson, de légumes et de frite. C'est un aliment déshydraté qui demande une consommation d'eau importante. Il existe des croquettes pour tous les types de chiens selon leur morphologie. Au dos du paquet vous trouverez la ration à donner quotidiennement à votre chien. Les besoins quotidiens nécessaires à un chien adulte en activité sont totalement apportés par les croquettes. Elles garantissent une alimentation saine et équilibrée au chien en fournissant des nutriments préparés par des nutritionnistes vétérinaires et des spécialistes de l'alimentation canine.

Certains chiens n'apprécient pas les croquettes et refusent de les manger car ils ne les trouvent pas appétissantes. Si votre chien a goûté à un autre type d'aliments, il est possible qu'il délaisse sa gamelle en réclamant sa nourriture favorite. Vous pouvez mélanger les croquettes à de la viande ou les compléter par des aliments industriels humides afin de leur donner meilleur goût.

Les croquettes sont également un moyen important de lutter contre le dépôt de tartre grâce à leur effet abrasif. Les croquettes sont recommandées par les éleveurs et les vétérinaires.

L'alimentation à base de viande crue BARF signifie en anglais "Biologically Appropriate Raw Food" ce qui veut dire en français "Nourriture crue biologiquement appropriée". Le régime alimentaire BARF est une approche naturelle de l'alimentation du chien. Dans cette optique, le choix des aliments s'appuie sur le respect de la physiologie propre à l'animal. Le chien étant un carnivore, il convient de lui proposer une alimentation de carnivore, à base majoritairement de viande, d'os crus et d'abats. Ce type d'alimentation s'appuie notamment sur l'idée que les choix alimentaires des animaux sauvages sont guidés par leurs besoins biologiques. Dans la nature, les animaux choisissent instinctivement le régime le mieux adapté à leur métabolisme, choix que les animaux domestiques carnivores n'ont plus la possibilité de faire, tout simplement parce que c'est l'être humain qui subvient à leurs besoins quotidiens.

On appelle alimentation industrielle humide, la nourriture fournie dans les "boîtes" achetées dans les grandes surfaces. Les besoins quotidiens nécessaires à un chien adulte en activité sont totalement apportés par ce type d'alimentation. La garniture des boîtes est réalisée par des spécialistes de la nutrition canine qui garantissent grâce à leur produit une alimentation saine et équilibrée pour le chien. Les boites doivent être maintenues au froid sous peine d'intoxication alimentaire Le prix de revient des boites est deux fois plus élevé que les croquettes

On appelle alimentation "maison", l'alimentation réalisée par vos soins. Il est indispensable de fournir au chien des aliments frais et de qualité. En dépit de l'amour des maîtres porté à leur bête, bien fréquemment la nourriture préparée est carencée en minéraux et vitamines. À l'inverse des croquettes et des boîtes, la quantité fournie est un réel problème car souvent le propriétaire verse une quantité approximative changeante d'un jour à l'autre ce qui est source d'obésité.

Les animaux comme les hommes ont besoin d'une alimentation équilibrée et saine afin d'être en bonne santé. Contrairement à ce qu'il est fréquemment pensé, ce type d'alimentation est plus coûteux que l'alimentation industrielle et nécessite une attention particulière.

Pourquoi certains chiens se montrent-ils si difficiles, boudant la nourriture que leur maître leur présente alors que d'autres avalent tout d'un simple coup de langue ? Tout comme chez les humains, nous trouvons de gros et de petits mangeurs chez nos compagnons à quatre pattes. Il semble que l'attrait face à la nourriture soit, en partie tout au moins, sous influence génétique. On sait également qu'au moment du sevrage et jusqu'à la fin du troisième mois, il existe une phase sensible au cours de laquelle les chiots subissent toutes sortes d'influences et apprennent notamment à sélectionner dans leur environnement ce qui est comestible.

Un tel conditionnement évite à l'animal d'ingérer des choses qui pourraient lui être nuisibles. Ce phénomène peut expliquer qu'un chien refuse une nourriture qu'il n'a pas eu le loisir de goûter dans son jeune âge

En conclusion, les croquettes sont à préférer aux aliments humides et à une ration que vous pourriez cuisiner vous-même. En effet, les aliments humides présentent de nombreux désavantages, notamment concernant la santé dentaire de votre ami. De surcroît, il est difficile de cuisiner un repas respectant parfaitement les besoins nutritionnels du chien. Les aliments ne doivent en aucun cas être distribués à volonté. Consommés sans modération, ils peuvent en effet provoquer troubles digestifs et obésité.

Il est également proscrit de donner un supplément en minéraux à un chiot qui reçoit un aliment équilibré. Cela pourrait nuire à sa santé et provoquer notamment des malformations osseuses. Enfin, il est inutile et même nuisible de varier l'alimentation de votre chiot.

Néanmoins, si un changement est nécessaire, il doit se faire progressivement sous peine de voir apparaître des troubles gastro-intestinaux

Devant un refus soudain et prolongé de nourriture je ne parle pas de comportement passager, une visite chez le vétérinaire s'impose.

Si aucune maladie n'est détectée, il faut chercher une autre cause. Le chien est un être sensible. Un changement de milieu, la perte d'un compagnon humain ou animal peuvent l'inciter à jeûner quelques jours. Je vous conseille d'accepter cette diète et ne pas paniquer. Si cela dure alors, le vétérinaire sera de nouveau consulté, et il faudra insister auprès de lui.

Certains chiens mangent des choses non comestibles comme de la terre, des pierres, du bois, du plastique, de poteries, voir des chaussettes, etc.., on a également retrouvé de tels objets dans les estomacs des loups italiens du début du XXe siècle.

Ce comportement, appelé Pica, semble être influencé par la génétique puisqu'on le retrouve plus spécifiquement dans certaines lignées que dans d'autres. Il n'y a pas de déficit nutritionnel chez ces sujets.

Le chien peut agir ainsi pour diverses raisons : par ennui, car il vit mal un changement, car il est en deuil. Mais souvent aussi pour attirer l'attention de ses maîtres.

Si votre chien ingère des crottes, celles d'autres chiens ou celles d'autres espèces animales, c'est parce que, pour lui, elles sont appétissantes ; c'est notamment le cas si elles contiennent de la nourriture non correctement digérée. Dire seulement « NON » fermement.

Concernant l'ingestion de ses propres crottes, malheureusement il peut s'agir d'un chien ayant été sévèrement puni pour les avoir faites dans un lieu inapproprié. Et quelqu'un a oublié la règle de base du chapitre éducation sur le sujet « faite comme si de rien n'était ».

Comment leur faire passer de si vilaines habitudes ? Saupoudrer ce qu'il a l'habitude d'ingérer d'une substance forte (par exemple du paprika). Détourner son attention en jetant une bouteille avec des cailloux ou en faisant du bruit, et surtout récompenser s'il laisse.

Mais, si votre chien ronge des bouts de bois et ingère ainsi des fibres pas forcément très digestes, çà ne mérite même pas d'y faire attention !

En ce qui concerne l'obésité, diverses enquêtes

approfondies montrent que dans un grand nombre de cas, elle va de pair avec de mauvaises habitudes alimentaires et de la nourriture de mauvaise qualité.

Le chien obèse ne doit pas être anthropomorphisé : pas de sentiments humains. On diminue les quantités, on passe en croquettes pour chien obèse, on fait plus de sport. Éventuellement on associe des diètes.

Le plaisir de manger, est lié à une perception subjective et personnelle des saveurs des aliments. Le goût a pour siège les papilles gustatives, petites saillies se trouvant dans la région postérieure de la langue et contenant des cellules sensorielles. Ces dernières réagissent à différentes substances chimiques et transmettent les informations reçues à des neurones reliés à l'encéphale. Les papilles gustatives se trouvent en moins grand nombre chez les chiens que chez les humains (environ 2 000 chez les premiers contre 10 000 chez les seconds). Bien qu'elles puissent différencier les substances sucrées, salées, acides et amères, elles le font aussi d'une manière beaucoup moins précise. De ce fait, nos chiens sont nettement moins gourmets que nous.

L'odorat est associé si étroitement au goût qu'il est difficile de savoir lequel des deux primes quand il s'agit de préférence alimentaire, une bonne odeur de cuisson nous donne déjà faim !

En ce qui concerne, nos chiens préférés la différenciation est d'autant plus difficile à faire que ceux-ci ont une sensibilité olfactive nettement plus fine que nous (vis-à-vis des chiens, nous sommes, pauvres humains, des handicapés de l'odorat).

Différentes recherches ont néanmoins permis d'en savoir un peu plus : si pour les chiens l'odorat semble primordial pour la détection de la nourriture, l'odeur dégagée n'est pas le seul critère de choix, la texture et le goût de cette dernière y jouent également un rôle non négligeable.

Notre chien peut être nourri par une nourriture sentant la viande mais n'en contenant pas, ou un mixte au trois-quarts légumes et un quart de viande.

Vous croyez qu'il va vite se rendre compte de son erreur ! Essayé. Pour moi cela marche, avec mes croquettes bios.

LA SEXUALITÉ DU CHIEN

La maturité sexuelle du chien se produit autour du septième mois chez le mâle, et entre sept et dix mois chez la femelle. Par contre, le chien peut manifester des désirs sexuels dès l'âge de sept semaines, sous forme de jeux où l'accouplement est simulé. La femelle connaît des périodes de chaleurs ou œstraux, en général, tous les six mois. Il arrive que cet intervalle varie entre 4 et 8 mois. Ces périodes se produisent au printemps et à l'automne ; elles correspondent à l'ovulation et dure de 15 à 20 jours. La fécondation peut se produire entre le septième et le quatorzième jour. L'urine contient alors des phérormones qui attirent les mâles. La chienne a des segments généralement appelés menstruations, bien que le terme exact soit diapédèse. Il s'agit de globules rouges qui traversent la paroi. Si un mâle montre de l'intérêt, la chienne fera savoir son contentement en plaçant sa queue de côté, pour présenter son vagin.

Lors de copulation, un bulbe sur le pénis du chien se gorgera de sang. Le chien ne pourra se séparer de la femelle tant qu'il ne se désengorgera pas, cela peut prendre de 15 à 20 minutes. Attention, il est très important de ne pas tenter de séparation sous aucun prétexte cela risquerait de déchirer le vagin de la femelle.

Si vous voulez faire s'accoupler deux chiens, il est préférable d'emmener la femelle chez le mâle car ce dernier peut refuser de copuler en territoire inconnu ou s'il a peur. Il est à noter que le mâle est le seul à posséder un os dans le pénis, appeler os pénien. Il arrive qu'il y ait des cas d'homosexualité chez le mâle. Ce comportement est dû à une frustration sexuelle. Cette frustration peut provoquer de l'agressivité et des fugues. Chez la femelle, les fugues sont un peu plus rares, mais elle peut devenir surexcitée.

De nombreuses personnes ont aujourd'hui encore du mal à prendre la décision de faire stériliser leur chienne. Pourtant, si vous ne désirez pas faire un élevage, c'est la meilleure solution pour éviter à votre animal de nombreux problèmes de santé.

Il ne faut pas considérer la stérilisation comme une mutilation qui rendra votre animal malheureux. Il faut savoir que le comportement d'une chienne dépend surtout de son instinct et de ses hormones. Les chaleurs apparaissent environ deux fois par an, et durent en général 3 semaines. Hormis ces deux périodes de l'année, sachez que votre chienne n'a nulle envie de se reproduire et, contrairement aux idées reçues, elle n'a pas besoin d'avoir été au moins une fois en relation avec un mâle pour être équilibrée.

Il faut savoir que la contraception par piqûres ou par comprimés n'est pas la solution optimale, mais est une bonne approche.

Le traitement va supprimer les chaleurs mais n'aura aucun effet sur les autres problèmes hormonaux, dus à la présence des ovaires, et qui peuvent entraîner parfois des maladies. Mais dans la nature la louve n'est pas stérilisée. Pour moi le problème est surtout de ne pas faire l'apprenti éleveur.

La stérilisation chirurgicale a pour but l'ablation des ovaires, avec ou sans l'utérus. Cette opération est très commune et pratiquée par tous les vétérinaires. Certains vétérinaires conseillent de faire stériliser la chienne entre les premières et deuxièmes chaleurs. Chez les Staff entre quinze et dix-huit mois, c'est bien, mais prenez conseil auprès de votre vétérinaire.

Vous pouvez également opter pour la ligature des trompes. Mais sachez que cette intervention ne supprime pas les chaleurs. Votre chienne ne pourra simplement pas avoir de petits.

La stérilisation augmente les risques de prise de poids. Il est très important de surveiller l'alimentation de la chienne pendant les 3 mois qui suivent l'opération et de lui faire faire de l'exercice. Sachez enfin qu'une chienne stérilisée aurait tendance à vivre plus longtemps qu'une chienne entière car elle aurait moins de risques potentiels de santé. Je ne sais pas, discutez-en avec votre vétérinaire et prenez plusieurs avis.

Aujourd'hui encore, de nombreuses personnes ne veulent pas castrer leur chien, par crainte que l'animal soit malheureux. Il faut savoir que le comportement du chien dépend surtout de son instinct et de ses hormones, et qu'il ne sera pas malheureux s'il est castré. S'il n'est jamais en présence d'une femelle en chaleur, un chien n'éprouvera pas le besoin de se reproduire. Ainsi, la castration, contrairement aux idées reçues, ne vient pas perturber l'équilibre général d'un chien.

La situation est au contraire plus compliquée s'il est stimulé par la présence de femelles, mais qu'il n'y a pas de contact physique. Le chien sera alors surexcité et il faudra avoir recours à un traitement hormonal pour le calmer. De plus, sachez que les risques pour la santé de votre animal seraient plus nombreux s'il n'est pas castré. Mais dans la nature le loup n'est pas castré.

La castration se fait vers l'âge de 10 ou 12 mois, avant la puberté.

Les problèmes de santé rencontrés chez les chiens non castrés seraient essentiellement concentrés autour des testicules et de la prostate :

Un chien non castré devient fugueur en période de chaleurs et souvent surexcité. En présence d'une femelle en chaleur, il n'écoutera que son instinct sexuel et ignorera vos rappels à l'ordre. Il faut donc en être averti, et au moins utiliser la castration médicamenteuse en étant prévenant dans les deux périodes à risque.

La vasectomie est une ligature des canaux spermatique le chien reste capable de saillir.

À titre personnel, je suis surpris du discours des comportementalistes canins qui sont en même temps vétérinaires et prônent la satisfaction des besoins primaires du chien mais veulent la contraception irréversible. Avouons que l'acte chirurgical qui rapporte entre 200 et 300 euros reste la contraception.

À titre personnel je pratique la contraception réversible avec mes chiens et une veille attentive lors des moments du Printemps et l'automne.

Pour mes femelles. La stérilisation temporaire e et réversible fait appel à des hormones de synthèse empêchant la survenue de l'ovulation mais aussi des chaleurs. Les molécules utilisées sont en général des dérivés de synthèse de la progestérone (progestagènes ou progestatifs). Il faut les utiliser en anoestrus, pour retarder l'apparition de l'oestrus ou en début de pro oestrus, pour interrompre les chaleurs. Les progestagènes exercent une action hormonale qui va aboutir au blocage de la maturation des follicules et de l'ovulation. L'emploi de progestatifs étant accompagné d'un certain nombre de complications, il conviendra, avant de les utiliser pour la contraception, d'avoir une bonne connaissance du cycle oestral de la chienne, et de faire réaliser examen médical préliminaire par un vétérinaire pour détecter une pathologie qui constitue une contre-indication à l'utilisation de ces molécules. Il conviendra d'être prudent quant à l'utilisation des progestatifs surtout chez les lévriers.

Pour mes mâles je recours à la castration chimique avec implant de Desloreline sous le nom de Suprelorin. Ce dernier libère des hormones en continue qui castrent chimiquement le chien pendant environ 12 mois. La stérilité est effective dans les 4 à 6 semaines après l'implantation. Les effets sont complètement réversibles L'implant s'injecte sous la peau sans anesthésie générale et ne gêne en aucun cas l'animal. Plusieurs implants peuvent être injectés à la suite.

Je ne suis pas vétérinaire, donc j'invite le lecteur à comprendre que je partage mon expérience. Il faut lire, s'instruire, échanger sur ce sujet, car une contraception définitive est un choix important.

Je précise enfin que j'ai des chiens sélectionnés, qui sont LOF, qui ont passé le CSAU et/ou TAN avec mention excellent, qui sont entraînés aux sports canins divers et qui concourent en classe beauté deux à trois pas an.

Je ne fais pas d'élevage, mais j'accepte en fonction des femelles ou mâles qui me sont indiquées des reproductions. Seulement cela m'impose de faire les radiographies et les tests ADN. Je trouve dommage si les chiens sont magnifiques, en conformité au standard, et équilibrés psychiquement, de ne pas participer au maintien de la race. Mais si vous ne souhaitez pas vous pliez aux contraintes médicales imposées aux reproducteurs, alors choisissez la contraception définitive.

Mais de grâce que les théoriciens arrêtent de dire des contre-vérités. Les fugues, les bagarres entre mâles, les comportements de domination, le marquage, se gèrent très bien par l'éducation et par une attention soutenue en période de chasse des femelles.

Disons la vérité il y a d'autres raisons que celles évoquées, comme les trafics, la concurrence entre particuliers et professionnels, l'intérêt économique des vétérinaires, l'absence de suivi et l'augmentation de la bâtardise.

L'élevage est un métier, il est réglementé et protégé. La majorité des éleveurs sont d'excellents professionnels. Sachez que des éleveurs placent des chiens dans des familles sélectionnées, pour un usage de reproduction en contrepartie de la gratuité du chien. Sachez que la consanguinité doit être maîtrisée, et que le brassage entre lignées est absolument nécessaire pour éviter les tares génétiques. Des particuliers avertis avec des chiens sélectionnés qui travaillent avec des éleveurs, c'est une bonne chose. La reproduction sauvage est un vrai fléau.

UN ÉLEVEUR SÉRIEUX

Les éleveurs ont longtemps refusé de vendre des Border Collies aux non-utilisateurs en troupeau ce qui a ouvert toute grande la porte d'un business lucratif peu scrupuleux.

Il s'agit de bien faire connaître et reconnaître le Border Collies. Pour cela il y a des règles.

L'éleveur doit proposer des reproductrices et des reproducteurs de hautes lignées. Le meilleur moyen pour vous est de vérifier la notation des parents de votre futur chiot en consultant les résultats des concours de nationale d'élevage.

Avant la première maternité, l'éleveur doit avoir fait radiographier les hanches des reproducteurs et avoir fait coter les clichés par la commission du club de race, qui lui délivrera un certificat officiel de cotation que l'éleveur vous photocopiera. Vous devez exiger ce document.

Avant la première maternité, un test ADN des reproducteurs a été réalisé, avec une recherche des tares oculaires. Vous devez exiger ce document.

L'éleveur doit vous remettre les copies de ces certificats. S'il ne peut pas vous les présenter, il n'est pas prudent de concrétiser votre achat chez cet éleveur. Désolé.

L'âge idéal pour l'achat d'un chiot se situe entre 8 et 9 semaines. Il a sa puce et a reçu une primo-vaccination pour les 3 maladies garanties par la loi : Maladie de Carré, Parvovirose et Hépatite.

Vérifiez vos documents : Attestation de vente, Carnet de vaccination avec les timbres des premières injections et les dates des premières vermifugeassions. Dossier d'identification puce et/ou tatouage. Certificats de dépistages de la dysplasie de la hanche.

En complément un éleveur sérieux, vous offrira : un sachet des croquettes utilisées par l'éleveur et un guide sur la race.

N'oubliez pas de faire faire le rappel du vaccin de la rage à partir de 4 mois et un rappel chaque année.

LA VIEILLESSE DU CHIEN

Avoir un chien c'est être attentif aux signaux qu'il vous envoie. Graduellement moins beau, moins actif, moins présent, l'animal âgé est plus fragile qu'un jeune adulte et doit donc faire l'objet d'observations et d'attentions toutes particulières.

Le regarder vivre et se déplacer, le palper, noter tout changement pour reconnaître ses déficiences progressives, aide à vite déceler l'apparition d'une maladie liée au vieillissement.

L'allongement du temps de repos et de sommeil, est normal, et ne devra donc pas être une inquiétude.

Mais lentement l'animal peut venir à souffrir dans sa locomotion, s'essouffler, mal entendre ou mal voir.

Le cerveau, organe est concerné par le vieillissement. Son inévitable dégénérescence entraîne et accompagne progressivement des troubles de l'humeur et du comportement.

Les signes du 3e âge se voient donc sur le plan physique, psychologique et comportemental.

Un nouveau compagnon lui serait-il profitable ? Il vaut mieux s'abstenir d'amener « dans les pattes » d'un chien ou d'un chat senior, un chiot turbulent par nature, qui risque de le bousculer et l'épuiser avec sa vitalité débordante et ses mordillements.

Mais, et c'est mon expérience, si l'on introduit un jeune animal dans le groupe familial en début de phase senior quand le chien est encore bien actif, alors c'est bénéfique pour les deux.

Le jeunot va faire maints apprentissages par imitation avec son « vieux copain » mais les mauvaises habitudes et les bonnes habitudes seront transmises.

Stimulés, mes chiens seniors ont toujours retrouvé une seconde jeunesse, mais j'ai veillé au grain, en étant juste.

Votre chien ne passe plus son temps qu'à dormir et semble devenir comme plus « mécanique », à n'être plus intéressé que par sa gamelle et l'heure des sorties il faudra devenir encore plus indulgent pour l'accompagner jusqu'à sa fin. Maintenir son vieil animal en vie dans le confort jusqu'à sa mort, c'est formidable. C'est cela être un maître responsable.

Mes vieux chiens se sont tous mis à déambuler et à donner l'impression de se « perdre » dans leur environnement habituel, mais j'ai toujours laissé faire, et aider mes chiens à mieux vivre leur 3e âge. Des visites régulières chez le vétérinaire, s'imposent à « l'âge mûr » sachant qu'aucun traitement ne pourra jamais rajeunir un vieil animal, mais souvent lui assurer une qualité de vie plus optimale.

Veiller à lui ménager une place de repos plus moelleuse et plus au calme, car tout en gardant le contact avec la vie de famille, l'animal a besoin de plus longues périodes de sommeil. Sans le reléguer, il faut le protéger notamment de l'agitation.

La perte d'appétit ou au contraire la boulimie, l'incontinence nocturne, des constipations en alternance avec des diarrhées sont autant de points de repère de l'affaiblissement des fonctions vitales de l'organisme de l'animal. À ce stade, il fait échanger avec le vétérinaire.

Eh ! Oui, ils vieillissent ! ils ont alors besoin de nous. Soyons présents. Aidons-les. Alors je vais vous donner des trucs :

Par temps doux, un brossage précautionneux adapté une fois encore aux raideurs, douleurs, ou imperfections de la peau, est bénéfique. Il permet la surveillance de grosseurs, de présence de parasites nuisibles, etc. tout en maintenant le contact corporel et la tendre complicité avec un animal, que ses facultés sensorielles diminuées isolent un peu, toujours pour les raideurs douloureuses, alors attention à l'essayage des pattes sales.

Maintenez une activité modérée avec votre vieux chien, et pas de « retraite brutale » à celui qui sortait avec son maître sous prétexte qu'il n'est plus performant.

Veiller plus souvent au niveau d'eau de la gamelle d'un animal dont la soif est augmentée (sans chercher à réduire sa consommation, sous prétexte de mictions plus fréquentes).

Certains facteurs influent sur la longévité de nos chiens. Le code génétique bien sûr, mais spécialement tout le soin que l'on a pris d'eux dès leur jeune âge, pour leur assurer une bonne condition physique et psychique (l'une n'allant pas sans l'autre).

FIN

Le code de la propriété intellectuelle n'autorisant, aux termes de l'article L. 122 — 5, 2 ° et 3 ° a, d'une part, que les « copies ou reproductions strictement réservées à l'usage privé du copiste et non destinées à son utilisation collective » et, d'autre part, que les analyses et les courtes citations dans un but d'exemple et d'illustration, « toute représentation ou reproduction intégrale ou partielle faite sans le consentement de l'auteur ou des ayants droit ou ayant cause sont illicites » (art. L. 122-4). Cette représentation ou reproduction, par quelque procédé que ce soit, constituerait donc une contrefaçon sanctionnée par les articles L. 335-2 et suivant du Code de la propriété intellectuelle.